SECONDARY
SCIENCE
EDUCATION
HANDBOOK

中等理科教育
ハンドブック

生徒の探究を促す授業デザイン

21世紀は，人工知能の急速な進化やグローバル化により社会の変化の加速度が増し，複雑で予測困難な時代であり，Society5.0として「超スマート社会」が強力に推進されています。このように急激に変化する社会の中で，どのように社会や人生をよりよいものにしていくのか，どのような未来をつくり上げていくのかを，子ども達一人一人が考えていくことが一層重要となってきています。Society5.0を牽引する人材に求められるのが，文章や情報を正確に読み解き対話する力，科学的に思考・吟味し活用する力，価値を見つけ生み出す感性と力，好奇心，探究力です。これらの力を育成するため，学びの在り方の変革が急務です。そして，子ども達一人一人がよりよい未来と人生の創り手となるため，これまで以上に理数教育の重要性が増しています。このような社会的・教育的背景のもと，2017年（平成29年）3月に中学校学習指導要領が，2018年（平成30年）3月に高等学校学習指導要領が改訂されました。理科においても，自然の事物・現象を科学的に探究するために必要な資質・能力を「知識及び技能」，「思考力・判断力・表現力等」，「学びに向かう力・人間性等」の三つの柱の観点から育成する必要があります。加えて，「主体的・対話的で深い学び」を実現するための学習過程例として，理科における探究の過程も図示されています。これまでも理科授業においては探究的な学習を行ってきましたが，生徒が主体となった科学的探究の実践をなお一層深め，生徒に「生きる力」を育むことが求められています。

そこで，本書では，基礎編として，理科教育の目的・目標，生徒の科学的探究を中心とした授業づくり，理科における評価，観察・実験指導の留意点，実践編として，山形県内の中学校及び高等学校における探究的な授業実践をまとめました。執筆にあたっては，山形大学の理科教育研究者をはじめ，山形県内の中学校及び高等学校において優れた理科の実践をしている教員の方々にご協力いただきました。本書が，現在の中等理科における理論的・実践的な解説書として，中学校及び高等学校教員を目指す学生をはじめ，日々学校現場で授業をされている先生方等，中学校及び高等学校理科の教育研究や実践に関わっている方々の一助となるよう，執筆者一同願っております。

本書の出版にあたっては，山形大学よりご支援をいただきました。ご厚意に対し深甚なる感謝の意を表します。

SECONDARY
SCIENCE
EDUCATION
HANDBOOK

まえがき

編著者　山形大学学術研究院 准教授　山科　勝

目次

中等理科教育ハンドブック
生徒の探究を促す授業デザイン
SECONDARY SCIENCE

CONTENTS

山科　勝 編著
山形大学出版会

EDUCATION HANDBOOK

基礎編

探究的な
理科授業の基礎

SECONDARY
SCIENCE
EDUCATION
HANDBOOK

CHAPTER
1 理科教育の
目的・目標

1．理科教育の目的

(1) 教育の目的及び理科教育の目的

　教育は，人格の完成及び平和で民主的な国家及び社会の形成者としての国民の育成を目指している（教育基本法）。つまり，教育を通して，各個人のもっている能力を伸ばしながら，社会において自立的に生きる基礎が培われるとともに，社会を形成する市民としての資質が養われていくことが求められている。そのため，学校教育においては，一般的な教養の他，専門的な知識，技術及び技能を習得することに加え，人類の文化を継承し発展させるために必要な豊かな人間性や創造性を育むことが行われている。そして，理科教育（科学教育）はその重要な一翼を担っている。

　理科教育の目的については，多くの研究者が述べてきている。例えば，大髙（2013）は，理科教育の目的を，実用的知識の伝達，専門科学的能力の育成，科学論的理解の促進，社会的能力の育成の4つの側面で示している。また，鶴岡（2019）は，理科教育の価値・目的を，日常生活を円滑に送るための基礎を養う，科学・技術系職業人の基礎を養う，民主社会の市民性の基礎を養う，科学を味わえる文化人の基礎を養うの4つを挙げている。

　このように，理科教育では，①生徒が日々の生活の中で活用されている科学技術についての基礎的な知識を習得すること，②科学技術立国である我が国において，理数系人材，イノベーション人材として活躍するために必要とされる科学技術の専門的なスキルを身につけること，③「科学そのもの」に加え「科学とは何か」という科学論を理解すること，④現代社会に生活する市民としての科学的リテラシーを身につけることを目指していると言うことができよう。

(2) 科学的リテラシーとは

　現代社会においてすべての人が科学的リテラシーを身に付けていることが必要である。経済開発協力機構（OECD）が実施する生徒の学習到達度調査（PISA）

2015でも科学的リテラシーを測定している。PISA2015では，科学的リテラシーは次のように定義されている。

> 　科学的リテラシーとは，思慮深い市民として，科学的な考えを持ち，科学に関連する諸問題に関与する能力である。科学的リテラシーを身に付けた人は，科学やテクノロジーに関する筋の通った議論に自ら進んで携わり，それには以下の能力（コンピテンシー）を必要とする。
> ・現象を科学的に説明する：自然やテクノロジーの領域にわたり，現象についての説明を認識し，提案し，評価する。
> ・科学的探究を評価して計画する：科学的な調査を説明し，評価し，科学的に問いに取り組む方法を提案する。
> ・データと証拠を科学的に解釈する：様々な表現の中で，データ，主張，論（アーギュメント）を分析し，評価し，適切な科学的結論を導き出す。

　また，全米研究審議会（National Research Council）は，『全米科学教育スタンダード』（熊野ら訳，2001）の中で，科学的リテラシーを「個人的な意思決定，または市民的および文化的な活動への参加，そして経済生産力の向上のために必要になった，科学的な概念およびプロセスについての知識および理解のこと」であり，さらに「いろいろな形態の能力を含んでいる」と述べている。

　さらに鶴岡（1998）は，科学的リテラシーを「科学的な事実，概念や法則といった自然科学の成果の理解のみならず，自然科学という人間の営み全体にかかわる，現代人すべてに不可欠な素養」であり，「『現代人すべてに必要不可欠な最低限の素養ないし常識』であって，それなくしては現代人たり得ない」と述べている。

　これらを踏まえると，科学的リテラシーとは，変化が急激で将来を予測しにくい現代社会において，社会の中でよりよく暮らし，文化的に豊かに生きていくために必要不可欠な素養・教養であり，文学や美術，音楽を愛好したり，茶道や華道，俳句を嗜んだりすることと同じく精神世界を豊かにしてくれるものと言うことができるだろう。まさに，科学的リテラシーを身につけた人とは，科学的な知識や概念を活用して，社会的・文化的活動に参画できる人なのである。

（3）科学とは何か

　さて，ここで，私たちが「科学」や「科学的」と呼んでいるものについて整理しておきたい。

　辞書で「科学」を引くと「自然界の現象を研究する学問の総称。実験・観察・数理に支えられて，対象の記述・説明，さらには事実間の一般法則を見いだし実証し

ようとする経験科学」（デジタル大辞泉，小学館）と記されている。また，中学校理科の教科書には，「科学」には広く「論理的に（筋道を立てて）調べる」という意味もあると示しているものもある（霜田・森本ほか，2021）。

　科学は19世紀に誕生したとされる。その頃，科学とは「この世界に起こる現象の説明や記述から，『こころ』に関する用語を徹底的に排除する知的活動」，「この世界の中に起こるすべての現象を，ものの振舞いとして記述し説明しようとする」活動を指していた（村上，2000年）。この科学観においては，「『唯一無二の客観的で真正な自然世界像』が存在するということが前提」であった（小川，1998）。

　しかし，現代における科学観は次の4つの特徴をもっている（小川，1998）。

・科学が「客観的で真正な自然世界像」を提示するとは考えない。「現代の科学観」では，科学理論やその体系は，ある種の理論的前提にもとづいて自然世界を眺めるための一つの枠組みなのだという理解を背景にして，科学が描き出す自然世界像は，「一つの自然世界像」「自然世界についての一つの理解」である。

・科学の教育的価値の議論に出てくる「科学の方法」というものに関して，「現代の科学観」では，科学に固有の方法はないという立場をとる。

・科学を理論体系としてとらえるだけでなく「社会的営為」としてとらえる。科学という理論体系，すなわち科学という世界理解の仕方は，科学者集団が共同で生み出してきており，知識生産活動やそれが生み出す知識自体に，集団内部あるいは集団とその外部との間に生じるさまざまな社会的相互作用が影響するととらえる。

・科学を文化としてとらえる。ここでは，科学的世界理解を審美的世界理解，道徳的世界理解などと同列において考えようとしたり，科学の西洋文化依存性を問題にしたり，科学を科学者共同体の文化として規定したりといった取り扱いがなされている。

　つまり，現代においては，科学を，人間の社会的な営みにより形作られた文化の1つであり，理論的前提に基づいて自然世界を眺めるためのメガネ（1つの枠組み）を与えるものだと捉えている。

　このような背景があることを押さえた上で，今回改訂された学習指導要領では科学はどのように捉えられているのかを見てみよう。

　小学校学習指導要領(平成29年告示)解説 理科編には，次のように記載されている。なお，中・高等学校の学習指導要領には記載はないため，確認しておきたい。

> 　科学とは，人間が長い時間をかけて構築してきたものであり，一つの文化とし
> て考えることができる。科学は，その扱う対象や方法論などの違いにより，専門
> 的に分化して存在し，それぞれ体系として緻密で一貫した構造をもっている。また，
> 最近では専門的な科学の分野が融合して，新たな科学の分野が生まれている。

　ここで注目すべきは，科学を文化として明確に位置付けるとともに，科学の方法
は唯一ではないことにも触れていることである。また，学会がそれぞれの専門分野
ごとに存在していることも含め，科学者集団の社会的な営みから体系がつくられて
いることも踏まえている。ここから示唆されるのは，理科学習では子供達は自然を
捉えるにあたって，科学者集団が生み出した1つの理論的前提に基づいた枠組みを
使うと言うことである。

　その上で，学習指導要領解説では，「科学が，それ以外の文化と区別される基本
的な条件としては，実証性，再現性，客観性などが考えられる」としている。

　よって，「現代の科学観」を踏まえつつ，自然の事物・事象について実証的，再現的，
客観的に捉えていくことが「科学的」であり，教師がそれを理解し授業実践するこ
とが生徒の科学的リテラシーを伸ばしていくことにつながっていく。

2．理科の目標

(1) 学習指導要領における理科の目標の変遷

　これまで学習指導要領は昭和22年の試案の発表に始まり，おおよそ10年ごとに改
訂されてきた。表1－1は，これまでの中学校学習指導要領における理科の目標を
まとめたものである。

表1－1　昭和22年以降の中学校学習指導要領における理科の目標

改訂年	中学校理科の目標
昭和22年 （試案）	すべての人が合理的な生活を営み，いっそうよい生活ができるように，児童・生徒の環境にある問題について次の三点を身につけるようにすること， 1．物ごとを科学的に見たり考えたり取り扱ったりする能力。 2．科学の原理と応用に関する知識。 3．眞理を見出し進んで新しいものを作り出す態度。
昭和26年 （試案） 改訂版	1．われわれの生活を改善するのに役だつような，科学的な事実や原理に関する知識を得る。 2．人と自然界との関係を理解し，さらに人は他の人々，いろいろな生物，自然力の恩恵を受けていることを理解する。 3．人体や，個人および公衆衛生についての基礎的な知識や理解を得，健康的な習慣を形成しようとする気持を起し，さらにその実現に努める。 4．自然の事物や現象を観察し，実際のものごとから直接に知識を得る能力を養う。 5．自然の偉大さ，美しさおよび調和を感得する。 6．自然科学の業績について，社会に貢献するものと有害なものとを明らかに区別し，さらにすべての人類に最大の福祉をもたらすように科学を用いなければならないという責任感をもつ。

	7. 科学の原理や法則を日常生活に応用する能力を高める。 8. 一定の目的のために原料や自然力を効果的に，また安全に使う能力を高める。 9. 科学的な態度とはどのようなものであるかを理解する。たとえば，いろいろな事実に基づいて一応の結論が得られても，偏見を捨ててさらに多くの事実を探求し，じゅうぶんな証拠が得られるまでは判定をさしひかえる。さらに，こうして得られた結論でも別な事実にあてはめてみて深く吟味する。 10. 問題を解決するために，科学的な方法を用いる能力を高める。 11. 現代の産業および商業生活において，科学に関する知識や科学的な習慣が重要であることを認識し，またそれらを習得して職業の選択に役だたせる。 12. 正確に観察し，測定し，記録する習慣を形成する。 13. 道具をたくみに使いこなしたり，機械その他，科学的に作られたものを正しく取り扱ったりする技能や習慣を養う。 14. 人類の福祉に対する科学者の貢献と，科学がどのようにして現在の文明を築くのに役だったかを理解する。 15. 科学のいろいろな分野における専門家を尊敬する態度を養う。 16. 他の人と協力して科学上の問題を解決しようとする心がまえをもつ。
昭和33年	1　自然の事物や現象についての関心を高め，真理を探究しようとする態度を養う。 2　自然の環境から問題をとらえ，事実に基き，筋道をたてて考えたり処理したりする能力を養い，また，実験や観察に必要な機械器具を目的に応じて取り扱う技能を高める。 3　生活や産業の基礎となる自然科学的な事実や原理の理解を深め，これを活用する能力を伸ばし，さらに，新しいものをつくり出そうとする態度を養う。 4　自然科学の進歩が生活を豊かにするのに役だつことを認識させ，自然科学の成果や方法を生活の中に取り入れ，生活を合理化しようとする態度を養う。 5　自然と人間生活との関係を認識させるとともに，自然の保護利用に対する関心を高める。
昭和44年	自然の事物・現象への関心を高め，それを科学的に探究させることによって，科学的に考察し処理する能力と態度を養うとともに，自然と人間生活との関係を認識させる。 このため， 1　自然の事物・現象の中に問題を見いだし，それを探究する過程を通して科学の方法を習得させ，創造的な能力を育てる。 2　基本的な科学概念を理解させ，自然のしくみや，はたらきを総合的，統一的に考察する能力を養う。 3　自然の事物・現象に対する科学的な見方や考え方を養い，科学的な自然観を育てる。
昭和52年	観察，実験などを通して，自然を調べる能力と態度を育てるとともに自然の事物・現象についての理解を深め，自然と人間とのかかわりについて認識させる。
平成元年	自然に対する関心を高め，観察，実験などを行い，科学的に調べる能力と態度を育てるとともに自然の事物・現象についての理解を深め，科学的な見方や考え方を養う。
平成11年	自然に対する関心を高め，目的意識をもって観察，実験などを行い，科学的に調べる能力と態度を育てるとともに自然の事物・現象についての理解を深め，科学的な見方や考え方を養う。
平成20年	自然の事物・現象に進んでかかわり，目的意識をもって観察，実験などを行い，科学的に探究する能力の基礎と態度を育てるとともに自然の事物・現象についての理解を深め，科学的な見方や考え方を養う。

（出典：国立教育政策研究所Webページを基に筆者作成）

(2) 学習指導要領における理科の目標

①中・高等学校学習指導要領（理科）改訂の背景

　平成20年告示の学習指導要領では，①「エネルギー」，「粒子」，「生命」，「地球」などの科学の基本的な見方や概念を柱とした内容構成による，科学に関する基本的概念の定着，②科学的に探究する学習活動の重視，③科学を学ぶ意義や有用性の実感による科学への関心向上，④科学的な体験，自然体験の充実を目指した。そのため，高等学校では，「物理基礎」，「化学基礎」，「生物基礎」，「地学基礎」「科学と人間生活」

が設定された。まさに多くの生徒が，科学的リテラシーを身に付けたり，自然や科学技術に対し興味・関心を高めたり，科学を学ぶ意義や有用性を実感したりできるよう意図されたためである。

平成20年告示の学習指導要領の成果と課題について，中央教育審議会（2016）は，「幼稚園，小学校，中学校，高等学校及び特別支援学校の学習指導要領等の改善及び必要な方策等について（答申）」で，PISA2015における科学的リテラシーの平均得点は国際的に見ると高く，算数・数学及び理科の到達度に関する国際的な調査（TIMSS2015）では理科を学ぶことに対する関心・意欲や意義・有用性に対する認識について改善が見られたこと，TIMSS2015では諸外国と比べると肯定的な回答の割合が低く，観察・実験の結果などを整理・分析した上で解釈・考察し，説明することが十分ではないこととまとめている。この答申を踏まえ，新しい学習指導要領が告示され，中学校では2021年から全面実施（高等学校は2022年から年次進行）された。

②中・高等学校学習指導要領（理科）の目標

中学校理科の目標は，次の通りである。（　）は高等学校。

自然の事物・現象に関わり，理科の見方・考え方を働かせ，見通しをもって観察，実験を行うことなどを通して，自然の事物・現象を科学的に探究するために必要な資質・能力を次のとおり育成することを目指す。

(1) 自然の事物・現象についての理解を深め，科学的に探究するために必要な観察，実験などに関する基本的な技能（技能）を身に付けるようにする。
(2) 観察，実験などを行い，科学的に探究する力を養う。
(3) 自然の事物・現象に進んで（主体的に）関わり，科学的に探究しようとする態度を養う。

この目標は，図1−1に示す通り，全ての教科において育成を目指す資質・能力の3つの柱「知識及び技能」，「思考力，判断力，表現力等」，「学びに向かう力，人間性等」に沿って整理されたものである。そして，(1)は知識及び技能に関する目標，(2)は思考力・判断力・表現力等に関する目標，(3)は学びに向かう力・人間性等に関する目標である。なお，目標の(1)〜(3)は順序を示すものではない。

平成元年以降，理科の重要な目標は「科学的な見方や考え方を養う」ことと明記されており，科学的な見方や考え方には資質

図1−1　育成すべき資質・能力の３つの柱
（出典：文部科学省中央教育審議会，2016）

や能力が包含されると解釈してきた。それに対し，平成29年告示の学習指導要領における理科の目標では，理科の「見方・考え方」と理科で育成すべき資質・能力を切り分けて表現している。小林（2017）が「これまでゴールとして位置付けていたものが，探究の過程において，子供が物事を捉える視点や考え方を自在に働かせられるように位置付けられた」と述べているように，今回の改訂では理科の目標の表現が大きく転換されている。また，これまでは「目的意識をもって観察・実験などを行い」とされていたが，今回の改訂では「見通しをもって観察・実験を行う」となっており，生徒が行う学習活動をより探究的に改善するという方向性が示されたと言える。

(3)「理科の見方・考え方」を働かせるとは

　中央教育審議会（2016）では，理科の見方・考え方について，表1－2のようにまとめている。

　「見方」とは，各教科等の特質に応じた物事を捉える視点のことであり，「見方」を働かせるとは，理科を構成する4つの領域（エネルギー，粒子，生命，地球）それぞれにおける特徴的な視点で自然の事物・現象を捉えるということである。

　また，「考え方」を働かせるとは，科学的に探究する方法を用いて考えることと整理されており，以下のように例示されている。

・比較することで問題を見いだす。
・既習の内容などと関係付けて根拠を示すことで課題の解決につなげる。
・原因と結果の関係といった観点から探究の過程を振り返る。

　つまり，理科の見方・考え方は，課題を把握してからその課題を解決するに至るまでの過程において，自然の事物・現象を捉える様々な視点と思考の枠組みと解釈することができる。課題の把握から課題の解決に至るまでの過程は，資質・能力を育むために重視すべき学習過程，言わば「探究の過程」としてイメージが示されている（第2章で詳述）。

　理科学習では，生徒が「理科の見方・考え方」を働かせながら探究の過程に取り組むことで，目標とする資質・能力の育成がなされていく。その指針とすべく，中学校3年間を通じた計画的な科学的探究能力育成のため，各学年で主に重視する探究の学習過程の例が解説に示されている。高等学校においては，探究の過程を重視することとされ，その例として情報の収集，仮説の設定，実験による検証，実験データの分析・解釈等が挙げられている。

　表1－3は，育成を目指す「思考力・判断力・表現力等」と各学年で重視する探究の学習過程をまとめたものである。

表1-2　理科の各領域における特徴的な見方

	領域			
見方・考え方	エネルギー	粒子	生命	地球
	自然の事物・現象を主として量的・関係的な視点で捉える ＊高等学校では，事象をより包括的・高次的に捉える	自然の事物・現象を主として質的・実体的な視点で捉える ＊中学校から実体はあるが見えない（不可視）レベルの原子，分子レベルで事象を捉える ＊高等学校では，事象をより包括的・高次的に捉える	生命に関する自然の事物・現象を主として多様性と共通性の視点で捉える ＊「分子〜細胞〜個体〜生態系レベル」の階層性があり，小・中・高と上がるにつれて扱う階層が広がる	地球や宇宙に関する自然の事物・現象を主として時間的・空間的な視点で捉える ＊「身のまわり〜地球〜宇宙レベル」の階層性があり，小・中・高と上がるにつれて扱う階層が広がる
	学校段階の違い（内容の階層性の広がり）			
小学校	「見える（可視）レベル」	「物レベル」	「個体〜生態系レベル」	「身のまわり（見える）レベル」
中学校	「見える（可視）〜見えない（不可視）レベル」	「物〜物質レベル」	「細胞〜個体〜生態系レベル」	「身のまわり（見える）〜地球（地球周辺）レベル」
高等学校	「見える（可視）〜見えない（不可視）レベル」	「物質レベル」（マクロとミクロの視点）	「分子〜細胞〜個体〜生態系レベル」	「身のまわり（見える）〜地球（地球周辺）〜宇宙レベル」

（出典：文部科学省中央教育審議会，2016）

表1-3　思考力・判断力・表現力等と重視する探究の学習過程

校種・学年	育成を目指す「思考力・判断力・表現力等」	重視する探究の学習過程の例
中1	問題を見いだし見通しをもって観察，実験などを行い，【規則性，関係性，共通点や相違点，分類するための観点や基準】を見いだして表現すること。	自然の事物・現象に進んで関わり，その中から問題を見いだす。
中2	見通しをもって解決する方法を立案して観察，実験などを行い，その結果を分析して解釈し，【規則性や関係性】を見いだして表現すること。	解決する方法を立案し，その結果を分析して解釈する。
中3	見通しをもって観察，実験などを行い，その結果（や資料）を分析して解釈し，【特徴，規則性，関係性】を見いだして表現すること。また，探究の過程を振り返ること。	探究の過程を振り返る。
高校（基礎）	観察，実験などを通して探究し，【規則性，関係性，特徴など】を見いだして表現すること。	例えば，情報の収集，仮説の設定，実験による検証，実験データの分析・解釈など。

（出典：中学校・高等学校学習指導要領解説 理科編を基に筆者作成）

(4)「見通しをもって観察・実験を行う」とは

　理科学習において、「見通しをもって観察，実験を行うこと」は非常に重要である。見通しをもつことによって，生徒は主体的に観察・実験を行い，探究を深めていくようになる。「見通しをもつ」とは，生徒が「この観察・実験は何のために行うのか」、「この観察・実験の結果はどのようなことが予想されるか」を考えることである。見通しをもつということは，言い換えれば，生徒は自分なりの仮説を設定するということである。丹沢（2015）は，科学的探究のプロセスを図1－2のように示している。そのうち「仮説を正しいと前提したときの検証実験の考案と予測」の部分が「見通しをもつ」に相当しており，この部分なしに実験を行ったとしても実験結果を十分考察することができないだろう。

問い・疑問の同定（想起）「なぜ…のような事象が起こるのであろうか」

　　↓　　既知事項に関する情報の活用

問いに対する仮の説明・解釈（仮説の設定）「…だからである」

　　　↓

仮説を正しいと前提したときの検証実験の考案と予測

　　　↓「…を行うと，きっと…という結果が得られるだろう」

実験の実施・結果（データ）の入手

　　　↓「予想と違った結果が得られた」「予想通りの結果が得られた」

結論：上記結果に対応してどのような結論を下したらよいか？

図1-2　科学的探究のプロセス（出典：丹沢，2015，147ページ）

　現実には年間授業計画や限られた授業時間の中で，全ての単元において，生徒が自ら仮説を設定し，見通しをもって観察・実験を行うことは難しいかもしれない。また，教師が立てた単元計画によっては，探究の過程のどの部分を重点的に行うかという軽重があってしかるべきであろう。

　しかしながら，「現代の科学観」では，科学を人間の社会的な営みにより形作られた文化の１つであり，理論的前提に基づいて自然世界を眺めるための１つの枠組みを与えるものと捉えていることから，生徒が理論的前提を得て，生徒自身が，今現在，授業で対象としている自然の事物・現象をどのように解釈するか，そして，自分がもっている理論的枠組みの中で検証するかを考える場面を提供する必要があるのではないだろうか。その結果，生徒は，自然に対する認識を拡張したり，変容させたりしながら，自らの言葉で理解し活用できるようになっていく。

　このような見通しをもちながら観察・実験を行うことを，生徒が繰り返し経験することを通じて，理科の学習全般においても，見通しをもちながら学習を進めるこ

とができるようになると期待される。また，見通しと併せて「振り返り」も非常に重要な学習活動である。「見通し」と「振り返り」の両方を単元計画に適宜取り入れることにより，生徒は「学習した結果，何を獲得し，何がわかるようになったか」をメタ認知することができる。つまり，自己調整的な学習を行うことができるようになるのである。よって，主体的に学習する態度を育むという点からも「見通しをもって観察，実験を行う」ことの意義は大きいのである。

引用・参考文献

・中央教育審議会「幼稚園，小学校，中学校，高等学校及び特別支援学校の学習指導要領等の改善及び必要な方策等について（答申）」，2016年。
・小林辰至「中学校理科における「見方・考え方」」『平成29年改訂中学校教育課程実践講座理科』ぎょうせい，25-31，2017年。
・熊野善介「第1章　序」長洲南海男監修，熊野善介・丹沢哲郎他訳『全米科学スタンダード』梓出版社，16-23，2001年。
・文部科学省『小学校学習指導要領（平成29年告示）解説　理科編』東洋館出版社，2018年。
・文部科学省『中学校学習指導要領（平成29年告示）解説　理科編』学校図書，2018年。
・文部科学省『高等学校学習指導要領（平成30年告示）解説　理科編』実教出版，2019年。
・村上陽一郎『科学の現在を問う』講談社，12，2000年。
・小川正賢「現代の科学観」日本理科教育学会編『キーワードから探るこれからの理科教育』東洋館出版社，2-7，1998年。
・大髙泉「理科教育の目的設定の構造」大髙泉編著『MINERVA 21世紀教科教育講座 新しい学びを拓く理科授業の理論と実践 −中学・高等学校編−』ミネルヴァ書房，52-57，2013年。
・霜田光一・森本信也ほか32名『中学校科学1（2020年検定済）』学校図書，3．2021年。
・丹沢哲郎「科学的探究の理解とそれを用いる能力」奈須正裕・江間史明編著『教科の本質から迫るコンピテンシー・ベイスの授業づくり』図書文化社，132-156，2015年。
・鶴岡義彦「サイエンスリテラシー」日本理科教育学会編『キーワードから探るこれからの理科教育』東洋館出版社，40-45，1998年。
・鶴岡義彦「理科教育の価値，教育家の動向，そして科学的リテラシー」『科学的リテラシーを育成する理科教育の創造』大学教育出版，1-12，2019年。

探究的な理科授業の
デザイン

1. 新学習指導要領で目指す授業とは

(1) 新学習指導要領で育成を目指す生徒像

　21世紀は「知識基盤社会（knowledge-based society）」と言われて久しい。知識基盤社会とは，「新しい知識・情報・技術が政治・経済・文化をはじめ社会のあらゆる領域での活動の基盤として飛躍的に重要性を増す」社会のことであり，このような社会においては「新たな知の創造・継承・活用が社会の発展の基盤」となる（中央教育審議会，2005）。知識基盤社会においては，既存の知識や最新の知識をもっていることや知識を素早く入手することを超えて，新しい知識を生み出す創造力やオリジナリティあふれたアイディア，時代の先を見通す先見性が重要となる。

　知識基盤社会を生きていく生徒に付けたい力について，新学習指導要領（中学校学習指導要領（平成29年告示）及び高等学校学習指導要領（平成30年告示））の前文には次のように示されている。

> 　これからの学校には，こうした教育の目的及び目標の達成を目指しつつ，一人一人の生徒が，自分のよさや可能性を認識するとともに，あらゆる他者を価値のある存在として尊重し，多様な人々と協働しながら様々な社会的変化を乗り越え，豊かな人生を切り拓き，持続可能な社会の創り手となることができるようにすることが求められている。

　ここから，中・高等学校において「一人一人」の生徒に「生きる力」を育む目的は，「持続可能な社会の創り手」として21世紀を豊かに生きていくことができるようにするためとわかる。そして，持続可能な社会をつくるためには，自分の個性を理解し，多様な個性をもった人々と協働することが必要であり，まさに「持続可能な開発目標（SDGs）」で目指す共生社会を実現したいという願いを込めたものと言えよう。

　そのために，新学習指導要領では，「知識及び技能」「思考力・判断力・表現力等」「学

びに向かう力・人間性等」を育成すべき資質・能力の３つの柱として示している（前掲 第１章 図１－１）。これらの資質・能力については，総則の中で「各教科等において身に付けた知識及び技能を活用したり，思考力，判断力，表現力等や学びに向かう力，人間性等を発揮させたりして，学習の対象となる物事を捉え思考することにより，各教科等の特質に応じた物事を捉える視点や考え方（以下「見方・考え方」という。）が鍛えられていくことに留意し，生徒が各教科等の特質に応じた見方・考え方を働かせながら，知識を相互に関連付けてより深く理解したり，情報を精査して考えを形成したり，問題を見いだして解決策を考えたり，思いや考えを基に創造したりすることに向かう過程を重視した学習の充実を図ること」とされている（文部科学省，2018）。また，学習の基盤となる資質・能力として，言語能力，情報活用能力，問題発見・解決能力等を，各教科の特質を生かしながら育成していくこととされている。これらの資質・能力は，科学的リテラシーと重なる部分も多く，探究的な理科授業によって育成を目指すものと軌を一にしている。

(2) 社会の変容と学習観の転換

20世紀を「産業基盤社会」とし，知識基盤社会における学習観と比較したものが，表２－１である。

表2－1　学習観の比較

産業基盤社会における学習観	知識基盤社会で求められる学習観
・勉強とは，教えられた解き方や答えを覚えること ・勉強は，テストで友達よりも高い点数をとるためにやるもの ・勉強は，一人で競争に耐えてやらなければならない ・勉強はつまらなくても我慢してやらなければならない	・勉強とは，自分なりに調べて考え表現し，自分なりに納得できる知識を構築すること ・勉強は，自分と世の中の「人・もの・こと」との互恵的なつながりを増大させるためにやる ・勉強は，友達や多様な人々と協力し助け合って取り組む ・勉強は，自分が生きることの喜びを実感するためにやる

（出典：藤井，2020，14ページを基に筆者作成）

藤井（2020）によれば，産業基盤社会では，効率的に高品質の規格化された「モノ」を大量に産出することが重視されていたため，定められた効率的な方式に従って，定められた通りの高品質な製品を着実に作り出す作業能力が経済成長を担う人材に求められていた。ゆえに，産業基盤社会で必要とされていた学力は，「与えられた問題から，最も合理的な解き方を使って，いち早く「正解」を導き出す能力」，つまり情報処理能力であったと述べている。それに対し，知識基盤社会で求められる学習観として，知識の構築，協働，学びに向かう力を挙げている。

このような社会の変容を背景に，学習観の転換，延いては教師の学習指導観の転換が必要となっているのである。

(3) 新学習指導要領で育成を目指す資質・能力を深める授業デザイン

資質・能力を育成するための学習過程をデザインする上でヒントとなるのが，図2−1である（国立教育政策研究所，2015）。この図は，学習活動を工夫して，生徒が潜在的に持つ資質・能力をうまく引き出し，教科等の内容を深める学びの繰り返しから，資質・能力の質を高めることへとつなげていく過程を図示したものである。なお，図の右にある3層の円は「21世紀型能力」であり，新学習指導要領で育成すべき資質・能力の3つの柱の基となったものである。

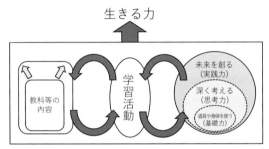

図2−1　教科等の内容，学習活動資質・能力をつなぐ学びのサイクル
（出典：国立教育政策研究所，2015，112ページを一部改変）

図の右から左に向かう矢印は，教科等の内容を学ぶために，どのような資質・能力を引き出す学習活動をデザインするかを表している。また，左から右に向かう矢印は，学んだ教科等の内容が学習活動に使え，さらに生きた知識として資質・能力になっていくことを表している。そして，その経験で身に付けた資質・能力が「生きる力」の支えになっていく。

よって，授業デザインのポイントは，生徒に「どのような資質・能力を発揮させたい」ので「どのような学習活動を仕組み」「どのような学習内容を学ぶ」のかをいつも心に留めながら単元を構想し，実践することである。

2．探究の過程

中・高等学校の理科では，生徒一人一人の自然の事物・現象を科学的に探究する資質・能力を伸ばし，すべての人が科学的リテラシーを身に付けることを目指している。そして，資質・能力は学習活動において発揮されることで育成される。つまり，科学的に探究する資質・能力の育成には，探究的な理科授業をデザインし実践

することが肝要である。丹沢（2004）は，中・高等学校の理科授業を構成する上での基本的な要点として，生徒の好奇心を喚起するような探究活動，科学知識・新しい情報・生徒の現在の捉え方の間を結びつける学習機会の提供，学習内容の意味と理解に焦点をあてた科学知識の学習，探究活動などを経て到達した理解の洗練と一般化，の４つを挙げている。そこで，本節では生徒の探究活動を前進させ科学的概念を獲得させるための授業デザインについて考えていくこととする。

（1）科学的探究

　自然科学の原点は「自然の謎の解明」であり，自然科学の目的は「自然界から派生する疑問に対して説明を創造・考案すること」にある。科学は，自然界の仕組みの説明・解釈である科学理論を創造することを目的とするが，科学理論は常に変化の波にさらされており，科学知識や研究方法の発展等によって，常に新しい理論が研究者の間で吟味され，自然現象に対する説明能力や予測可能性が高いものが合意されて登場する（丹沢，2004）。この際，自然科学が用いる方法が「探究」である。

　探究を辞書で引くと，「物事の真の姿をさぐって見きわめること」（広辞苑第７版）とされており，探求（ある物事をあくまで探し求めようとすること）とは異なるものである。この表現は，自然科学の研究の目的に通ずるところがある。また，小川（1992）は，探究を「ある対象が自分にとって如何なるものであるかを知ろうとするために，その対象に働きかけることによって，その対象に対する自らの認識を自覚しようとする主体的な行為」としている。

　平たく言えば，科学的探究とは，自然の事物・現象に関する疑問に対し，自然界に主体的に働きかけ，より妥当な説明や解釈を創り上げようとすることと大まかに捉えることができるだろう。

　自然科学における科学者の探究は，図２－３のように示される（丹沢，2004）。

１）自然事象から派生する問いや疑問の提起
　　↓
２）その事象に関する関連情報の収集
　　↓
３）仮の説明（仮説）の提起
　　↓
４）その仮説を正しいと前提したときの実験計画と結果の予測
　　↓
５）結果（データ）の収集
　　↓
６）予測と結果を対比した上での結論（仮説の妥当性の検討）

図2-2　探究の基本的な流れ（出典：丹沢，2004，５ページに筆者が一部加筆）

科学者の探究は基本的にはこの流れで進んでいくものの，一方向の一度限りの流れで終わるものではなく，また，予測と結果にズレがある場合，実験方法は適切であったかを振り返って再度実験を行ったり，仮説そのものに修正すべき点がないかを見直したりすることを繰り返していく。

(2) 資質・能力を育む探究の過程

　新学習指導要領において探究の過程は図2－3のように示され，課題の把握（発見），課題の探究（追究），課題の解決という3つの段階からなっている。探究の過程において重視することは，過程全体を生徒が主体的に遂行できるようにすること，生徒が常に知的好奇心を持って身の回りの自然の事物・現象に関わるようになること，得た気付きから疑問を形成し，課題として設定することができるようになることである。

　ここで，図2－2と図2－3を照らし合わせると，図2－2の1），2）は課題の把握（発見），3），4），5）は課題の探究，6）は課題の解決と対応していることがわかる。つまり，新学習指導要領で示されている探究の過程は，科学者も行っている探究活動と基本的には同じ流れである。しかも，図2－3に注釈として示されている，学習過程は必ずしも一方向の流れではなく，必要に応じて戻ったり，繰り返したりする場合があること，授業においては全ての学習過程を実施するのではなく，その一部を取り扱う場合があること，意見交換や議論など対話的な学びを適宜取り入れていく際，あらかじめ自己の考えを形成した上で行うようにすることについても科学者の探究と全く同じである。

　図2－3においては「見通し」と「振り返り」が重視されている。科学者は，実験を計画するときに，科学の理論体系を基盤として仮説を立て，見通しをもった実験計画を立てる。その結果と仮説を照らし合わせながら振り返り，仮説を検証し，理論体系をより強固なものにしようとしていく。授業も同じく，既習事項や教科書に記載されている理論を用いながら，生徒が主体となって「見通し」を立て，観察，実験を行い，得られた結果について「振り返り」を行いながら，生徒のもつ科学的な概念を確かなものへとしていくのである。生徒自身が納得して得た知識や考え方は，科学的リテラシーとして定着し，現実世界で活用可能な知識となっていく。

(3) 探究的な理科授業デザインへの示唆
①概念変容を促す授業モデル

　探究的な理科授業は1単位時間だけでは実現できず，単元レベルで考えていくことが求められる。新学習指導要領の総則にも，生徒の主体的・対話的で深い学びの実現のために，「単元や題材など内容や時間のまとまりを見通しながら」授業改善

を行うことが示されている。また，探究の過程は，それぞれの過程とそのつながりを意識しながら単元や授業をデザインし，理科の目標が達成できるようにする。特に心に留めてほしいのは，探究の過程は，教師の指示や教授の順番ではなく，生徒が思考したり観察・実験を行ったりしていく活動の流れということである。

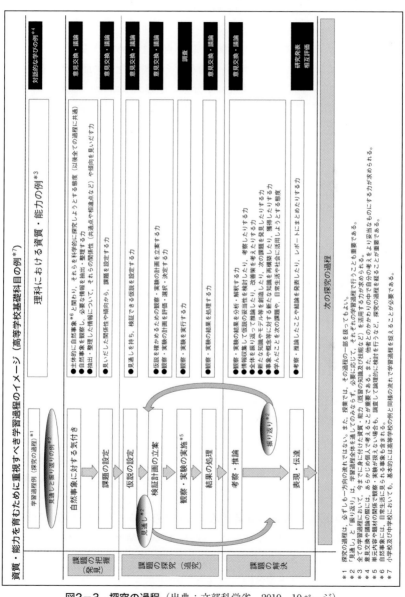

図2−3　探究の過程（出典：文部科学省，2019，10ページ）

生徒の考え方の変容を目指す単元構成としては，Lawson（1995）が提唱したLearning Cycle 教授モデル（Learning Cycle Instruction Model）がある。Learning Cycle 教授モデルの大まかな流れは，次の1）～3）の順である。

1）Exploration（生徒自らによる探索）
2）Term Introduction（科学的用語の導入）
3）Concept Application（概念の応用）

このモデルのポイントを，丹沢（2004）は2点にまとめている。

1点目は，授業において教えたい科学的な考え方や概念を，最初から教師が説明しないことである。導入段階で授業に十分に「巻き込まれた」（動機付けされた）生徒が，1）において，課題や疑問について，自らの考えや言葉を用いて「探索する」。そして，自分の考えを自分の言葉で表現できるようになったときに初めて生徒の考えを簡潔かつ適切に表現する便利な言葉として科学的用語を導入する。

2点目は，概念を，文脈を変えて応用することである。ここまでに学習した新しい考え方（概念）を，文脈を変えて応用することによって，その概念の定着を図ることができる。生徒にとっては，このことによってその概念の有効性や便利さを実感することができ，新しい考え方への愛着が高まる。

Learning Cycle 教授モデルは，講義型の教授法に比べて，生徒の概念的理解，プロセススキルの改善，科学に対する改善に効果があるという報告もあり，探究的な理科授業デザインに一つの示唆を与えるものである。

②仮説の設定

実験は，アプリオリな（先行した）理論を仮説に置き換え，これを経験によって審判し，科学理論として定着しようとする行為である（遠西ら，2018）。また，見通しとは理論・方法・結果の予測を包含した構えをもつことであり，見通しを明文化したものが実験仮説である（比樂・遠西，2020）。よって，探究の過程で「見通し」と「振り返り」を効果的に行うためには，生徒自らが仮説を設定することが鍵となるだろう。

仮説には説明仮説と作業仮説が含まれる。山口ら（2015）は，説明仮説をある事象を説明するための仮説，作業仮説を「…すれば，…は，…になる」というように作業を伴う仮説と定義している。探究の過程における説明仮説と作業仮説の位置付けを図2－3で説明すると，説明仮説は1），2）を経て得られた3）の仮の説明であり，作業仮説はその説明仮説が正しいとした場合に立てた実験計画に基づく結果の予測である。つまり，「仮説の設定＝見通し」と考えることができる。しかも，説明仮説と作業仮説を設定できていれば，観察・実験の結果を考察することはそう難しいことではない。つまり，「振り返り」も実効性があるものとして授業に取り入れることが可能となるのである。

これらを踏まえると，「なぜだろう」「不思議だな」という疑問を想起させる自然

の事物・現象の観察を行うことで生徒の認知的葛藤が引き起こされ，仮説推論的な思考から仮の説明をつくる段階を経て，その説明が仮に正しいとしたらどんな実験をしてどんな結果が予測されるかを考えるという単元もしくは授業の組み立てが考えられる。説明仮説を設定する際には，生徒の既有知識やこれまでの体験を基にすることや読み物教材・教科書等による大まかな情報提示などを活用し，その上で眼前の課題についての作業仮説を設定することが有効であると示唆される。

引用・参考文献

・中央教育審議会『我が国の高等教育の将来像（答申）』，2005年。
・比樂憲一・遠西昭寿「仮説設定のための指導方略の提案とその試行」『理科教育学研究』第61巻，第2号，321-328，2020年。
・藤井千春『問題解決学習で育む「資質・能力」－誠実な対話力，確かな情動力，互恵的なつながり力－』明治図書，7-20，2020年。
・国立教育政策研究所『資質・能力を育成する教育課程の在り方に関する研究報告書 1 ～使って育てて21世紀を生き抜くための資質・能力～』，2015年。
・Lawson, A "*Science Teaching and the Development of Thinking*"，Wadsworth Publishing Co.CA，1995年。
・文部科学省「中学校学習指導要領（平成29年告示）」東山書房，19-28，2017年。
・文部科学省「高等学校学習指導要領（平成30年告示）」東山書房，28，2018年。
・文部科学省「高等学校学習指導要領（平成30年告示）解説　理科編」実教出版，10，2019年。
・新村出編『広辞苑第7版』岩波書店，1843，2018年。
・小川正賢「探究学習論」『理科教育学講座5』東洋館出版社，97，1992年。
・丹沢哲郎「中等理科授業のすすめ方」八田明夫『理科教育学－教師とこれから教師になる人のために－』東京教学社，118-123，2004年。
・遠西昭寿・福田恒康・佐野嘉昭「観察・実験に対する理論の優先性と解釈学的循環」『理科教育学研究』第59巻，第1号，79-86，2018年。
・山口真人・田中保樹・小林辰至「科学的な問題解決において児童・生徒に仮説を設定させる指導の方略－The Four Question Strategy（4QS）における推論の過程に関する一考察－」『理科教育学研究』第55巻，第4号，437-443，2015年。

CHAPTER

3

理科における
評価

1. 理科における資質・能力とその評価

(1) 科学的探究能力と評価

理科では科学的探究能力の育成が目指されている。『中学校学習指導要領（平成29年告示）解説 理科編』には，その随所に「科学的な探究」の記載があり，理科教育に関する研究でも，科学的探究能力の育成に寄与する指導法の開発が行われている。学校現場では，時間的な制約などある中で，できる限り多様な実験や観察を取り入れ，その過程で科学的探究能力の育成をはかっている。

理科授業でどのような科学的探究能力がどれほど育ったのかを捉えるとき，教育評価が重要となる。そもそも教育評価とは，教師にとっては自らの教育実践を振り返り，自己反省と自己点検を行う活動であり，子どもにとっては教師の評価活動を通して教師から与えられる様々な情報を契機に，自らの学習を点検する活動である（村越, 2011）。つまり，評価は，教師にとっても，子どもにとっても，これまでの取り組みを確認し得るものでなければならないのである。

では，理科ではどのように科学的探究能力を評価するのだろうか。これは理科固有の課題であり，現在もその課題に対する取り組みや模索が続けられている。第3章では，理科における評価の在り方を考えるために，まず，本節1で科学的探究能力を含むさまざまな能力概念を広く取り上げ，その内実を確認する。特に，現行の学習指導要領は従前にもまして資質・能力概念を色濃く導入していること，そしてその背景には新しいコンピテンシー概念やスキルの提唱など，国際的な議論の影響があることを解説する。次節2では，必ずしも理科に限定した内容ではないが，戦後の教育評価史を概観する。どのような理念のもと，いかなる評価が行われていたのか，またその評価の限界性とそれをどのように克服しようとしたのかを概説しつつ，現在取り組まれている評価に至るまでの経緯を確認する。最終節3では，科学的探究能力をどのように評価し得るのか，その一つの方法を紹介する。

(2)「新しい能力」の世界的な広まり

　経済協力開発機構（OECD）は，世界の教育政策等を整理し，将来の国際調査に共通する能力概念を一つにまとめる事業「コンピテンシーの定義と選択（Definition and Selection of Competencies）」（以下，DeSeCoと略記）を行った。DeSeCoでは，特に重要な3つの鍵となる力として，①自律的に活動する力，②道具を相互作用的に用いる力，③異質な集団で交流する力を示し，これらを「キー・コンピテンシー」と称した。「キー・コンピテンシー」は，「人生の成功と良好な社会に貢献するもの」として考えられるとともに，教育界にとどまらず，経済，政治，福祉を含めた広い範囲での生活領域に役立つ概念であるとされている（ライチェン他，2006）。

　「キー・コンピテンシー」の他にも，先進諸国を中心に提唱されている「21世紀スキル」や「汎用的能力」など，様々な能力概念が各国の教育政策で用いられている。松下（2010）は，上述の諸概念を「新しい能力」と総称し，おおよそ次の内容が含まれると述べている。すなわち，①基本的な認知能力（読み書き計算，基本的な知識・スキルなど），②高次の認知能力（問題解決，創造性，意思決定，学習の仕方の学習など），③対人関係能力（コミュニケーション，チームワーク，リーダーシップなど），④人格特性・態度（自尊心，責任感，忍耐力など）である。さらに，「新しい能力」概念に共通する特徴として，第一に，認知的な能力から人格の深部に及ぶ人間の全体的な能力を含んでいること，第二に，そうした能力を教育目標や評価の対象として位置付けていることが挙げられている（松下，2010）。

　他方，「新しい能力」概念のもと教育改革が進行する中で，こうした能力の育成と評価に対する懸念も挙げられるようになってきた。例えば，国際学力調査の不振な結果に反応し，アウトプット指向の教育改革へと舵を切ったドイツでは，コンピテンシー重視の教育は，教科（専門）内容をおろそかにし，教科内容をたんなる訓練の対象に格下げしてしまうとの声も寄せられている（伊藤，2016）。これは一例であるが，こうした議論が巻き起こるほど「新しい能力」が世界的な広まりをみせ，確固たる概念として教育政策の中核に位置づいているといえる。

(3) 日本における資質・能力

　日本では，1996年の中央教育審議会において「生きる力」が提唱されている。「生きる力」の内実は，学校教育法で「基礎的な知識及び技能」，「思考力，判断力，表現力等」，及び「主体的に学習に取り組む態度」という3つの要素で示されている。これらの要素は，前項(2)で述べた「新しい能力」に類似しているように思われるが，実際に，中央教育審議会も「生きる力」はDeSeCoによる「キー・コンピテンシー」を先取りしたものと述べ，世界的に広まる「新しい能力」との関連性を説明している（中央教育審議会，2008）。

自然の事物・現象に関わり，理科の見方・考え方を働かせ，見通しをもって観察，実験を行うことなどを通して，自然の事物・現象を科学的に探究するために必要な資質・能力を次のとおり育成することを目指す。
　(1)　自然の事物・現象についての理解を深め，科学的に探究するために必要な観察，実験などに関する基本的な技能を身に付けるようにする。
　(2)　観察，実験などを行い，科学的に探究する力を養う。
　(3)　自然の事物・現象に進んで関わり，科学的に探究しようとする態度を養う。

図3−1　『中学校学習指導要領（平成29年告示）解説 理科編』にみる理科の目標
（出典：文部科学省『中学校学習指導要領（平成29年告示）解説 理科編』学校図書, 2017を基に筆者作成）

　現行の学習指導要領では，「知識・技能」，「思考力・判断力・表現力等」，「学びに向かう力・人間性等」という文言で資質・能力の三本柱が立てられており，これらのバランスのよい育成が目指されている。各教科等においては，この三本柱に基づいた目標が定められている。理科の目標については，本書第1章に詳述されているためここでは簡単に触れるにとどめるが，『中学校学習指導要領（平成29年告示）解説 理科編』には図3−1の通り掲げられている。目標の(1)には育成を目指す資質・能力のうち「知識・技能」が，(2)には「思考力・判断力・表現力等」，(3)には「学びに向かう力・人間性等」が示されている。

(4)　資質・能力と評価の関係性
　資質・能力の育成を目指す教育を行う上で，教育評価の役割が重視されている。どのような資質・能力がどの程度育っているかを把握し，後の指導につなげるために，評価を行うことが求められているのである。つまり，資質・能力を実体化するためには評価が必要不可欠なのであり，この点において能力と評価は密接な関係にあるといえる。
　他方，厳密な能力評価には難しさがある。このことについて具体的に考えてみよう。例えば，正誤が比較的はっきりしている数学で，計算問題と文章題のテストをした場合，①計算能力を重視するか，文章読解能力を重視するか，②計算式を重視するか，導かれた解の正誤を重視するか，③部分点を出すかどうか，など何を重視するかで評価が変わる。仮に評価の基準が統一されていたとしても，その統一基準は誰かのある一定の価値観により決められる部分もあり，機械的，合理的，科学的に基準が決定されているとはいいきれない。つまり，何に重きを置くか，基準をどうするかという作業の中で，評価者の価値観が入るため，能力の厳密な測定は難しいのである（中村，2018）。すなわち，評価次第で実際の能力が過小にも，過大に

もあらわれるということである。科学的探究能力を評価する時も，同様の懸念が考えられるし，ましてや人格の深部に及ぶ人間の全体的な能力をも含めた「新しい能力」を厳密に測定，評価するのは容易ではないだろう。したがって，評価者は，教育評価の難しさに対して自覚的になると同時に，評価のブレを少なくするよう様々な方法を試みることが大切になる。

2. これまでの評価とそれをめぐる議論

(1) 相対評価とその批判

　日本の教育評価史は，能力と評価をめぐる困難を克服しようとしてきた歴史として見ることができる。本節では，田中（2008）による戦後の教育評価史をもとにして，指導要録の記載事項とその改訂時の議論を概説する。指導要録には，「学籍に関する記録」と「指導に関する記録」を記載することになっており，「指導に関する記録」には各教科等の評定を記録することとなっている。指導要録は，教育課程と深く関連するため学習指導要領に合わせて記載事項が改訂されている。

　第二次世界大戦後，評定の分配率を一定にする相対評価が行われるようになる。この評価は，戦前の教師による主観的な評価への反省と，評価の客観性，科学性，信頼性を追求する中で取り組まれたものであった。ところが，1960年代以降になると，必ずできない子どもがいることを前提にした相対評価の非教育的側面が問題視されるようになった。相対評価は「集団に準拠した評価」といわれるように，集団内での位置しかわからず，そこで目指されている目標が何かは不問にされていた。これでは，どこに向かって何を勉強したら良いか，子どもにも教師にもわからなかったのである。

(2) ブルームの評価論の日本への紹介と観点別評価の登場

　1970年代になると，ブルーム（Bloom,J.S.）による評価論，及び彼が強調した，全ての子どもの学力を保障する完全習得学習（マスタリー・ラーニング）が日本でも紹介されるようになり，教育評価の在り方に影響を及ぼすこととなった。完全習得学習においては，子どもの反応や学習状況を授業中に絶えず確認し，それに対する手立てをきめ細かく施していくことが重視される。学習過程における評価は，形成的評価と称され，ブルームはこの評価の重要性を主張していた。

　以下では，形成的評価を含む3つの評価について簡単に説明する。

①診断的評価：

　診断的評価は，子どもの実態に即した指導計画を立てるために，指導前に実施されるものである。例えば，入学テストや学期はじめの学力テストなどを通して，指

導が始まる前に知識や技能の獲得状況，及び関心や意欲といった情意的特性に関する情報を得る。

②形成的評価：

　形成的評価は，教授活動を通して子どもが学習目標をどの程度達成したのかを確認するために実施されるものである。例えば，知識の獲得状況は提出物や確認テスト等を通して把握し，関心や意欲は授業中の態度や表情等から判断する。形成的評価を通して得た情報は，のちの授業をどのように調整・修正するかといった指導の改善に使われる。

③総括的評価：

　総括的評価は，これまでの学習成果を確認するために実施されるものである。中間テストや期末テストなど最終的な評価が総括的評価の例である。この評価を通して，子どもの最終的な学習成果と指導の適切さを把握する。

　以上，完全習得学習では，①診断的評価→指導→②形成的評価→指導→③総括的評価という流れによって，ほとんど全ての子どもの学力を一定水準まで保障することをねらっている。完全習得学習は，機械的で硬直的で訓練主義的な方法であるとされる一方で，あらゆる教育レベルで教育者が授業を計画するための基礎をなすものであるともされている（藤本, 2021）。ブルームの評価論が日本においても広く知られるようになると，相対評価からの転換を目指した新たな評価が提唱されることとなった。その一つの取り組みとして，1980，1991年の指導要録の改訂では，「観点別評価」の視点が導入されることとなった。具体的には「観点別学習状況」と称され，「関心・意欲・態度」，「思考・判断」，「技能・表現」，「知識・理解」の４つの観点から３段階で絶対評価を行うこととなった（遠藤, 2017）。

(3)「目標に準拠した評価」の登場

　2001年の指導要録の改訂では，「目標に準拠した評価」（絶対評価）が打ち出され，学力の中身としての「目標」がどの程度達成されているかが重視されることとなった。子どもにとっては目標達成に向けて何をどのように頑張れば良いかが見えやすくなり，教師にとっては授業改善に取り組みやすくなった。

　ところで，目標に照らして評価を行う時，いなかる目標を掲げ，どの程度の水準に達していればいいのかといった，評価を行うためのよりどころが必要となる。図３－２に示したように，そのよりどころには，評価規準（criterion）と評価基準（standard）がある。前者は何を評価するかに関わるものであり，質的な評価の根拠となる。対して，後者は，どの程度その目標が達成されているかに関わるものであり，量的な評価の根拠となる。

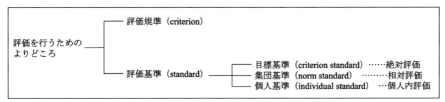

図3－2　評価規準と評価基準

(出典：藤岡秀樹「評価規準と評価基準」辰野千壽・石田恒好・北尾倫彦［監修］『教育評価事典』
図書文化社，2006，80ページを基に筆者作成)

(4) 評価観点の導入

　2010年以降，「目標に準拠した評価」に評価観点が導入されることとなった。その観点は，「知識・理解」，「技能」，「思考・判断・表現」，「関心・意欲・態度」の４つであり，それぞれからの評価が求められるようになった。現行の学習指導要領では，これらの観点が再整理され，「知識・技能」，「思考・判断・表現」，「主体的に学習に取り組む態度」の３点で示されたと同時に，観点ごとに評価規準を定めることが求められるようになった。例えば，中学校第２学年における理科の第１分野「化学変化と原子・分子」の評価規準例を表３－１に挙げよう。この表のように評価規準を設け，各観点から子どもの学習状況を評価することが求められている。

　他方，田中 (2008) によると，「目標に準拠した評価」にも懸念事項があるとされる。例えば，①目標の視点でしか子どもの姿を捉えなくなるという点が挙げられている。つまり，目標から外れた子どもの姿が軽視・無視され得るのではないかという懸念である。②子どもにとっては，外からの規準に自分をどう合わせるかに腐心してしまう点が挙げられている。いわゆる「指示待ち」，「評価待ち」の子どもになってしまう危険性があるとされている。③「目標に準拠した評価」では，子どもが教育目標を達成したかどうかに注目するあまり，その目標に至る（または至らない）子どもの試行錯誤や葛藤の過程を看過して，認知変容のダイナミズムを捉えないという点も挙げられている。以上の点は，「目標に準拠した評価」を機械的にとらえると，子どもの学習の姿を丁寧に把握するという教育評価のあるべきまなざしが軽視されるのではないかという懸念のあらわれである。

3．評価方法の具体例

(1) ペーパーテストによる評価

　前節では，「目標に準拠した評価」に至るまでの経緯を確認した。では，その評価はどのように行われ，いかなる課題があるのだろうか。理科の評価方法を基にし

表3-1　中学校理科第2学年第1分野「化学変化と原子・分子」の評価規準の例

知識・技能	思考・判断・表現	主体的に学習に取り組む態度
化学変化を原子や分子のモデルと関連づけながら，化学変化，化学変化における酸化と還元，化学変化と熱についての基本的な概念や原理・法則などを理解しているとともに，科学的に探究するために必要な観察，実験等に関する基本操作や記録などの基本的な技能を身に付けている。	化学変化について，見通しをもって解決する方法を立案して観察，実験などを行い，原子や分子と関連づけてその結果を分析して解釈し，化学変化における物質の変化を見いだして表現しているなど，科学的に探究している。	化学変化に関する事物・現象に進んで関わり，見通しをもったり振り返ったりするなど，科学的に探究しようとしている。

（出典：国立教育政策研究所教育課程研究センター『「指導と評価の一体化」のための学習評価に関する参考資料中学校理科』東洋館出版社，2020，82ページを基に筆者作成）

て考えていく。理科の知識理解をはかる方法の一つにペーパーテストがある。このテストは，科学的探究能力が育成されたかどうかを調べる方法としても用いられる。科学的探究能力には，認知的能力と技術的能力が含まれている。例えば，条件を変えてその反応を調べる活動では，どのような条件が現象に関係しているのかを把握することが必要であり，この能力は認知的能力といえる。他方，条件を変えた調べ方が実際行動としてできる能力は技術的能力といえる。科学的探究能力の二つの側面のうち，認知的能力の育成を調べるにはペーパーテストの利用が可能である。平成25年度に行われた中学校学習指導要領実施状況調査の理科の問題を一部変更して図3-3に示そう。この問題は，測定結果をグラフにあらわす時，変化させた量（独立変数）と変化した量（従属変数）を判断できるか，測定結果のグラフを読み取る能力を使って，融点を推測できるかについて調べようとしている。つまり，このテストでは，融点の概念的な理解をはかるだけでなく，実際の探究活動を想定し，そこでの認知的な能力をはかっているのである。

　ペーパーテストでは，科学的探究能力における認知的能力部分の評価が中心となるため，実際の場面でそうした能力がどのくらい使えるのか，といった点からの評価には不向きである。いうまでもなく，「資質・能力のバランスのとれた学習評価を行っていくためには，（中略）ペーパーテストの結果にとどまらない，多面的・多角的な評価を行っていくことが必要」なのであり，さまざまな評価に取り組むことが求められている（中央教育審議会初等中等教育分科会教育課程部会，2019）。

（2）オーセンティック評価

　「オーセンティック」とは，Wiggins（1998）によると，「大人が仕事場や市民生活，個人的な生活の場で試される」ような現実世界の文脈を模写することである。した

パルミチン酸は，ラードやバターなどに含まれる有機物の一種です。このパルミチン酸の融点を測定するために，実験装置を組み立て，加熱し，30秒ごとに温度を測定しました。

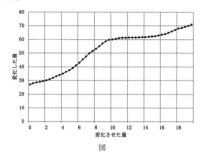

図

(1)　一般に測定結果をグラフにあらわす時には，変化させた量を横軸に，それにしたがって変化した量を縦軸にとります。この実験の測定結果は図のようになりました。この実験において，「変化させた量」，「変化した量」は，それぞれ何か答えなさい。

(2)　図からパルミチン酸の融点は何℃と考えられますか。その温度を書きなさい。

図3－3　探究能力を調べる問題の例
（出典：平成25年度学習指導要領実施状況調査（中学校理科）を基に一部変更して筆者作成）

がって，オーセンティック評価とは，現実世界で起こり得るような状況や文脈を設定している課題に取り組ませ，実際行動を通して見いだした回答を評価するものである。なお，「オーセンティック」の訳語については「真正の」，「本物の」が当てられるほか，字義的に「信頼すべき」，「根拠のある」，「確実な」が考えられる（片平，2005）。

　以下では，オーセンティック評価としてのパフォーマンス評価とポートフォリオ評価を紹介する。はじめに，パフォーマンス評価とは，学習の過程，あるいは学習後に，観察，実験，測定，分類などの実際の活動を通して見いだした回答を評価するものである。つまり，この評価では，事物・事象に直接取り組ませ，実際の解決行動を通して科学的探究能力の程度を調べ，探究における認知的能力に加えて，技術的能力についてもはかることができる。この評価は，実際の試験場面でも使われており，例えばドイツの後期中等教育段階の修了試験（アビトゥーア試験）では，実験道具を操作して何らかの事物・現象を直接測定させたり，物質を分類させたりする課題が設定されている。その評価では，知識の適用から応用まで，3段階の水準が設けられており，複数の面接官により生徒の科学的探究能力がはかられる（Kultusministerkonferenz, 2004）。

次に，ポートフォリオ評価に関しては，「課題を解決する等のために必要な思考力，判断力，表現力等を身に付けているか評価する方法」として目されているものである（国立教育政策研究所，2020）。そもそもポートフォリオ（portfolio）とは，元来，入れ物や容器のことであり，銀行等で顧客リストを収めた紙ばさみのことであった。教育分野において，ポートフォリオとは，「生徒が達成したこと，及びそこに到達するまでの歩みを記録する学習者の学力達成に関する計画的な集積」と定義されている（Tombari & Borich, 1999）。理科では，観察記録やスケッチ，実験レポート等が集められることとなる。

　そうした多様な資料をもとにして行う「検討会」（conference）では，個々の子どもの学びの過程を振り返り，子どもが学習内容をどの程度理解しているか，活用できるか，追究できるかを評価する。評価には，教師や保護者といった大人のみならず，ポートフォリオを作成した子どもも関わるため，ポートフォリオは子どもの自己評価力の向上を図り，自己の思考を追跡し，評価し，改善するメタ認知力を助長する上で効果的である。得点化にはルーブリック（評価指標）が活用されるが，ポートフォリオからいかに高い信頼性や妥当性を得るかという点は課題である。

　前節2の最後に示した「目標に準拠した評価」への懸念は，詰まるところ子どもの「参加」という視点が欠けていたため指摘されたものである。オーセンティック評価は，子どもの「参加」による学びの質を保障するという理念があり，この点は「目標に準拠した評価」の「新たな地平を切り開くもの」として注目されている（田中，2010）。

　以上，第3章では，能力と評価の関係性や戦後教育評価史，具体的な評価方法を概観して，理科における評価の在り方を検討してきた。科学的探究能力を評価するのに決まった方法があるわけではないため，評価の際は，評価の基本を抑えつつ，子どもの「参加」の視点を取り入れるなど，よりよいものを求めてその方法を検討し，試みることが重要である。

引用・参考文献

・中央教育審議会「幼稚園，小学校，中学校，高等学校及び特別支援学校の学習指導要領等の改善について（答申）」，2008年1月17日。
・中央教育審議会初等中等教育分科会教育課程部会「児童生徒の学習評価の在り方について（報告）」，2019年1月21日。
・遠藤貴広「教育実践を支える評価－民主主義の新たな基盤－」，田中耕治［編著］『戦後日本教育方法論史　上』，pp.147-166，ミネルヴァ書房，2017年。
・藤本和久「完全習得学習」，クレイグ・クライデル［編］，西岡加名恵，藤本和久，石井英真，田中耕治［監訳］『カリキュラム研究事典』，pp.216-217，ミネルヴァ書房，

2021年。

・伊藤実歩子「ドイツ語圏の教育改革におけるBildungとコンピテンシー」，田中耕治［編著］『グローバル化時代の教育評価改革−日本・アジア・欧米を結ぶ−』，pp.124-135，日本標準，2016年。

・片平克弘「中学校理科における「確かな学力」の育成を目指した指導の工夫・改善［理科］」，『中等教育資料』，54巻，6号，pp.10-15，2005年。

・片平克弘「真正の評価（authentic assessment）」，日本理科教育学会［編著］『今こそ理科の学力を問う』，pp.230-235，東洋館出版社，2012年。

・国立教育政策研究所教育課程研究センター『「指導と評価の一体化」のための学習評価に関する参考資料　中学校理科』東洋館出版社，2020年。

・Kultusministerkonferenz, *Einheitliche Prüfungsanforderungen in der Abiturprüfung Biologie*, 2004.

・松下佳代「＜新しい能力＞概念と教育−その背景と系譜−」，松下佳代［編著］『＜新しい能力＞は教育を変えるか』，pp.1-42，ミネルヴァ書房，2010年。

・文部科学省『中学校学習指導要領（平成29年告示）解説 理科編』学校図書，2017年。

・文部科学省初等中等教育局長「小学校，中学校，高等学校および特別支援における児童生徒の学習評価及び指導要録の改善等について（通知）」，2019年3月29日。

・村越邦男「教育評価」，平原春好，寺﨑昌男［編集代表］『新版教育小辞典　第3版』，p.90，学陽書房，2011年。

・中村高康『暴走する能力主義−教育と現代社会の病理−』筑摩書房，2018年。

・ライチェン・ドミニク，サルガニク・ローラ［編著］，立田慶裕［監訳］，今西幸蔵，岩崎久美子，猿田裕嗣，名取一好，野村和，平沢安政［訳］『キー・コンピテンシー−国際標準の学力をめざして−』赤石書店，2006年。

・田中耕治『教育評価』岩波書店，2008年。

・田中耕治『新しい「評価のあり方」を拓く−「目標に準拠した評価」のこれまでとこれから−』日本標準，2010年。

・Tombari Martin and Borich Gary, *Authentic Assessment in the Classroom: Applications and Practice*, Prentice-Hall, 1999.

・Wiggins Grant, *Educative Assessment: Designing Assessments to Inform and Improve Student Performance*, Jossey-Bass, 1998.

CHAPTER
4

理科における
観察・実験指導の留意点
－理科室の管理を含む－

1．観察や実験の実施意義と機能

　理科授業の中で観察や実験の占める時間の割合は大きい。観察や実験を主体にした理科授業というものは，一般的に，教員による講義・解説だけの授業より実感を伴った理解を得やすいものであると考えられ，生徒もその知識の理解を確実にし，有効に活用できるようになる。そのため，理科授業の成否も，観察や実験の位置付けや進め方によって決定されるといっても過言ではない。では，理科授業における観察や実験はそもそもどのような目的や意義に基づき，いかなる機能を有する活動なのであろうか，また，それらを実施するにあたり，どのような留意点が考えられるのであろうか。実際に理科授業を実施することとなる学校理科室の管理と合わせて考えていく。

　まず，理科のそもそもの目標を確認しておきたい。中学校学習指導要領理科編における中学校理科の目標を確認すると，育成すべき資質・能力の一部として「自然の事物・現象についての理解を深め，科学的に探究するために必要な観察，実験などに関する基本的な技能を身に付けるようにすること，観察，実験などを行い，科学的に探究する力を養うこと」が明記されている（文部科学省，2018）。高等学校学習指導要領理数編においても高等学校理科の目標を確認すると，中学校と同様に，育成すべき資質・能力の一部として「自然の事物・現象についての理解を深め，科学的に探究するために必要な観察，実験などに関する技能を身に付けるようにすること」や，「観察，実験などを行い，科学的に探究する力を養うこと」というように，理科の目標と観察や実験が有機的に関連付けられている（文部科学省，2019）。それぞれの学習指導要領の解説によれば，育成すべき資質・能力については，知識及び技能の育成するに当たって「自然の事物・現象についての観察，実験などを行うことを通して，自然の事物・現象に対する概念や原理・法則の理解を図るとともに，科学的に探究するために必要な観察，実験などに関する基本的な技能を身に付けること」と説明されているとおり，科学的概念の理解を図るための観察や実験の

実施というような学習手段としての観察や実験の重要性だけでなく，生徒自身が習得すべき基礎的な技能としての観察や実験とあるように，理科の直接的な目的としての観察や実験が重要視されていることがわかる。また，観察，実験などに関する基本的な技能の育成については，「探究の過程を通して身に付けるようにすることが大切である」とされている。日本の中学校や高等学校の理科授業における観察や実験の重要性を確認することができるとともに，それらを探究の過程を通して身に付けることを求めていることを確認できる。

　理科における観察は，自然からの情報は，五感を通して観察対象に関する情報を収集することである。観察と字面からみてどうしてもみることが主体になりやすいが，聴覚，嗅覚，味覚，触覚も十分に働かせねばならない。観察や実験の機能について，以下のとおり整理することができる。例えば，貫井（1993）は，武田の観察と実験の関係性に関する考えを引きながら，「観察は目的をもって自然の事物・現象から情報を得ること」として，観察と実験を以下のとおり定義している（貫井，1993及び武田，1977）。彼らは，観察がただ漠然と観察対象をながめているのではなく，生徒が明確な問題意識や見通しをもって観察に取り組んでいれば，そのための観点も定まってくると考え，教員からの適切な働きかけが重要であることを指摘している。また，「実験は条件を人為的に制御したもとでの観察であり，その基本的な行動は観察行動である」として，ただし，実験は観察に比べ人為的な制御のもとにあるため，現象の再現性，定量性等に特徴があるが，観察と実験の間にはっきりと区別ができるのではなく，以下の図に示されるように連続的なものであるとしている。

← 自然的な要素がしだいに強くなる。			
観察			
自然のあるがままの観察 （追試不可能な場合もある） 例えば，天体観測	ある程度手を加えた観察 （補助手段を用いての観察） 例えば，顕微鏡による観察	半実験 （対照実験や条件の統一をあまり考慮しない実験） 例えば，タンパク質の検出	完全な実験 （追試可能な実験） 例えば，反応速度の実験
			実験
人為的な要素がしだいに強くなる。→			

図4-1　観察と実験の関係について
（武田，1977の図より，筆者が一部抜粋）

　理科における観察や実験の類型や分類については，活動の内容や形態によって大別できる（橘高，1993）。例えば，観察は，観察対象の性質を理解して，分類など

を行うための同定（identify）と，観察対象の大きさなどを比較したり，数量的な関係を求めたりするための測定（measure）に大別できる。理科授業における観察では，人間の感覚だけでは，十分な観察ができないので，例えば，顕微鏡や温度計等を使って，拡大したり，定性的に観察したりすることがある。一方で，理科授業における実験の形態は，誰が主体となって行うかによって，教師実験，生徒実験に大別できる。このうち，生徒実験は生徒一人一人が行う個別実験と4人一組などグループで行うグループ実験がある。学校では，理科室の構造により伝統的にグループ実験で実施されることが多い。また，実験も観察と同様に，実験結果の性質による分類に応じて「定性実験」と「定量実験」に大別できる。「定性実験」は，水溶液の変色の有無や物体の燃焼の可否など性質のみを調べ，測定を伴わない実験である。「定量実験」は，測定を伴う実験であり，水溶液の変色の有無だけでなく，ある水溶液に別の水溶液を加えた際に変色したときの加えた水溶液の量を測定することが必要となる。そのほか，理科授業とした特殊な実験として，モデルで考える実験（流水，天体，電流，分子運動）となる「モデル実験」や，頭の中で実験してみる「思考実験」がある。思考実験の代表的な例として，同じ重さの5個の球を同時に落とす運動に関するベネデッティの思考実験がある。

　理科授業における観察・実験については，理科授業における観察や実験の目的や位置付け等の観点で，それぞれ観察や実験の機能の多様性を踏まえつつ，検討していくことが重要である。

2．観察指導の留意点

　理科授業における観察指導の留意点として，教員及び生徒が観察の意義を適切に理解することが重要である。ここでは野外観察の意義と留意点を中心に説明したい。例えば，山本は，自然の事物・現象に対する関心や探究心を高めるためには，室内で行う観察や実験だけでなく，野外における観察も実験であると述べている（山本，2012）。そこでは，これまでの先行研究を総括することで，野外観察の意義として以下の4点に整理している。

表4-1　野外観察の意義

意義	具体的内容
①学習意欲の向上	自然に接し，驚きや感動をもってその自然現象に向き合い，探究心を刺激される体験は，自然のしくみを理解しようとする意欲の源となりうる。

②学習の定着・応用・発展	教室における理科の授業で学習したことを野外観察により確認することで科学的な知識や概念の定着を図ることができる。また、野外は、科学的知識や概念の応用・発展の場となりうる。
③豊かな心情の育成	野外体験活動の中で自然のすばらしさに感動する心を育てることが、生徒の豊かな感性を磨くことにつながる。また、自然と親しむことは、自然への慈しみの心を育て、生命の尊重や自然環境の保全に寄与する態度の育成につながりうる。
④自然体験の補完	幼児期の自然における生物群及び土・岩石・川や海の水の生物以外の自然物との直接体験を補完することができる。

(山本，2012の表を基に筆者作成)

　実際に，野外観察の進め方とその留意点としては，実施前，実施中，実施後の3つの局面に分けて考える必要がある。

　実施前の局面では，何のための野外観察をするのか，野外で何を観察するのか，現地での観察内容が子どもに学ばせたい学習内容に適しているのかどうかを教師自身が吟味することが重要である。さらに，観察対象に対して教師自身が興味を持って十分な教材研究を行い，生徒たちの野外における発見，気づきを学習に生かせるようにしたい。事前の教材研究の中でも野外観察を行う現地の下見は最も重要である。事前に現地の地形で危険な箇所は存在しないか，活動場所周辺にトイレや休憩施設の設置状況など，危険箇所の確認や情報収集は欠かすことができない。

　実施中の局面では，野外観察実施中の安全確保が最も重要である。そのため，野外観察の当日は，天候の変化に留意し，安全で充実した活動となるようにしたい。その際の実施上のポイントは，生徒の出欠確認と健康・行動把握となる。万が一，体調不良や怪我などが生じた場合は，速やかに養護教諭や学校管理職との連携が取れるように協議しておく必要がある。

　実施後の局面では，「まとめ・振り返りの実施」が必要不可欠である。野外観察のまとめを実施することにより，理科授業で学習した科学的な知識や概念の定着，さらには知識や概念の体系化を図ることにより寄与するものと思われる。

3．実験指導の留意点

　理科授業で実験を実施する際の最大の重要事項は，安全確保である。そのため，教員は，理科授業における安全確保のための専門的資質・能力の習得が必要不可欠となる。学習指導要領においても，理科授業における観察や実験の充実とともに観察や実験の事故防止等についても言及している。理科授業における生徒の安全確保のためには，事故が発生することを事前に防ぐための「リスク管理」と，残念ながら事故が発生してしまったときの対応等をまとめた「危機管理」に大別して検討し

ておくことが重要である（鈴木，2019）。

　理科室における実験事故というリスクを管理するための具体的な手立てとしては，理科授業で使用する備品の適切な管理と，理科授業における生徒に対する安全指導である。そのため，教員は，日常的に理科室の備品を点検し，備品の状態を把握しておかなければならない。

　また，理科授業における安全指導のためには，実験実施前の「予備実験」が必須となる。教員は，予備実験の実施を通じて，生徒に対する安全指導のポイントを整理し，そして，そのポイントを適切に伝達するための手立てを考えておきたい。そのほか，観察や実験の安全指導として理科室における安全指導のルールを学校ごとに統一する検討をしてほしい。

　理科室にて実験事故等が発生した場合，その対応は学校及び教員の「危機管理」となる。もし，理科授業にて観察や実験の事故が起こった場合，教員が速やかに適切な応急処置をとらなければならない。そのため，教員は応急処置についても十分訓練しておく必要がある。この点は観察指導と同様である。作成した事故対応マニュアルは，学校内での周知徹底を図るため，学校全体で共有するための機会を設けることが重要である。

4．安全な観察や実験を実施するための理科室の管理

　理科授業における安全な観察や実験の実施のためには，生徒の教育環境を整備する必要がある。その中でも，理科室内の設備・器具の管理は，整理・整頓が基本となる。理科室にあるべき設備・器具が決められた場所に配置され続けることを心がけたい。

　理科授業にて観察や実験を行うためには多種多様な備品が必要となる。そのため，教員は，理科室に必要最低限の備品を確保しなければならない。理科室にあるべき備品は，日本理科教育振興協会が作成している理科教育設備備品リストが参考になる。それらによると，中学校では，370種類，高等学校では，311種類もの推奨設備備品があることを理解しなければならない（公益社団法人日本理科教育振興協会，2021）。教員は，こうしたリストをもとに学校理科室に配置すべき備品種類や数を，自身の学校規模等に応じて確認し，不足している場合は対応していきたい。

　理科室の備品は，生徒の学習促進の視点に立った配置としたい。例えば，実験器具を使用する学年や単元ごとにまとめて保管したりすることもできる。そのほか，理科教科書の巻末資料には，地震などの災害対策が明記されていることが多い。理科授業を担当する教員は一般的に耐震対策に詳しくない場合が多いため，必要に応じて教育行政やその分野の専門家に相談するようにしたい。

最近，理科室というような特別教室でも，GIGAスクール構想の実施に伴い，多様なICT機器の導入がされはじめている。理科授業におけるICT機器の活用によって，円滑な理科授業が実施され，結果的に生徒の理科学習が促進されると思われる。そのため，教員自身がICT機器の活用方法を理解するとともに，できるならば，年度当初に生徒に対してそれらの使用方法や使用上の注意事項を説明しておきたい。

5．生徒の観察や実験の評価

　生徒の観察や実験を評価するためには，生徒が所属する集団における相対的な位置を重視するのではなく，生徒が観察や実験において何ができ，あるいはできないのかを明らかにする必要がある（片平，2013）。現在，学習指導要領に示す目標に対応させながら生徒の達成状況を評価する方法として，目標に準拠した評価すなわち絶対評価が取り入れられている。そのため，学習指導要領における観察や実験に関する目標がいかなるものであるか確認することが必要不可欠である。

　最近，理科授業の中で，習得した観察や実験に関する技能を使いこなすパフォーマンスによる評価が実施されている。生徒の「パフォーマンスに基づく評価」とは，生徒が集めた資料やレポート，観察や実験などのパフォーマンスを多角的に評価することである。そこで用いられるのが，ルーブリックという評価指標である。このルーブリックとは，学習目標の達成の程度を把握するために達成された状況がより客観的になるように表現された評価基準表である。例えば，観察や実験に関するルーブリックは以下のとおりとなる（片平，2013）。

表4－2　観察や実験に関するルーブリック

評定尺度	指標（評定尺度の具体的な内容）
4	観察や実験の結果に基づいて結論を導いており，結論についての考察も適切である。
3	観察や実験の結果に基づいて結論を導いているが，結論についての考察が適切でない。
2	観察や実験の結果に基づいて結論を導いている。結論についての考察がない。
1	教師の援助がなければ結論を導けない。

（片平，2013の図より，筆者が一部抜粋）

　観察や実験に限らず評価というものは，生徒の実態を把握するためだけに行われるものではない。生徒の観察や実験に関する理解状況や習得状況から今後の授業の展開を「指導と評価の一体化」といった考えのもとに，理科授業を構想・展開することが重要である。

参考・引用文献

・片平克弘「理科における評価論の展開とその実際」大髙泉編『新しい学びを拓く理科授業の理論と実践−中学・高等学校編』ミネルヴァ書房，2013年。

・橘高嘉弘「第1章 理科学習指導の方法　第5節　授業の中の観察・実験」日本理科教育学会編『理科教育学講座3　理科の授業と学習の成立』東洋館出版社，1993年。

・公益社団法人日本理科教育振興協会 http://www.japse.or.jp/（最終アクセス2021年10月30日）

・文部科学省『中学校学習指導要領（平成29年告示）解説　理科編』東山書房，2018年。

・文部科学省『高等学校学習指導要領（平成30年告示）解説　理科編 理数編』実教出版，2019年。

・日本理科教育学会編『理科観察実験指導講座Ⅰ〜Ⅳ』東洋館出版社，1955〜1956年。

・貫井正納「第3章 理科の学習指導計画と授業の実践 第5節 授業実践の方法」日本理科教育学会編『理科教育学講座3 理科の授業と学習の成立』東洋館出版社，1993年。

・理科授業大全編集委員会（編著）『理科授業大全:物化生地の基礎から実験のコツまで』東京書籍，2021年。

・鈴木宏昭「理科室管理と安全教育−理科学習の促進とリスク・危機管理の観点から−」日本理科教育学会編『理科の教育』Vol.68，No.798，5-8，2019年。

・武田一美「探究学習における実験観察の機能」日本理科教育学会編『理科の教育』1977年2月号，1977年。

・山口晃弘（編著）『中学校理科室ハンドブック:理科好きを育てる魅力ある授業を目指して』大日本図書，2021年。

・山本容子「第8章　理科の野外観察」大髙泉（編著），清水美憲（編著）『教科教育の理論と授業〈2〉理数編（新教職教育講座)』協同出版，2012年。

PART **2**

実践編

探究的な
理科授業への挑戦

SECONDARY
SCIENCE
EDUCATION
HANDBOOK

PRACTICE
1

生徒の探究を促す
授業づくり
－ 生命を維持する働き　消化と吸収 －

1．単元（題材）の概要

　本単元は，生命を維持する働きの「消化・吸収の仕組み」を小単元として構成したものである。小学校では，第6学年で外呼吸，消化・吸収，排出及び循環について，また，生命活動を維持するために様々な器官があることについての初歩的な学習を行っている。これを受け，動物の消化・吸収の働きを，物質交換と関連付けて捉えさせていくことがねらいとなる。そして，学習を通して，生命の巧みさ，神秘さといった面にも目を向けさせることができる単元でもある。本単元のねらいは次の通りである。

・消化・吸収の仕組みについて，体の各器官の名称や科学的用語を正しく用いて説明するとともに，それらに関する観察・実験の基本操作を習得し，観察・実験の計画的な実施，結果の記録や整理などの仕方を身に付けている。
・消化・吸収の働きに関する事物・現象の中に問題を見いだし，仮説を立て，検証するための方法を考えるとともに，実験結果を生命維持のためのエネルギーという観点で考察し，自分の考えをまとめ，論述することができる。
・動物の体のつくりと消化・吸収の働きに関する事物・現象に進んで関わり，それらを科学的に探究しようとするとともに，生命を尊重しようとする。

2．この単元を通して育成したい資質・能力

・消化・吸収に関する観察・実験を行い，結果を分析・解釈する活動を通して，事象を自分の体で起きていることや実生活と関連付けて捉えたり，新たな疑問を発見したりできる力
・課題についての仮説を立てたり，観察・実験の結果を分析し，解釈したりする場面において，お互いに意見を交換し合うことで，自分の考えを深めたり，修正したりすることのできる力

３．単元計画

学習活動（時数）	評価規準
１．ヒトの消化器官について知る。 （１）	・ヒトの消化器官の各部の名称を指摘できるとともに，食物のゆくえについて調べようとしている。
２．食物に含まれている栄養分について調べる。 （１）	・食物の中の養分は炭素を含み，体の中でエネルギーを得る基になることを説明している。
３．唾液の働きについて調べるとともに，消化酵素の存在について知る。 （２）	・デンプンが唾液の働きによって糖に変化することを予測し，実験計画を立案している。 ・計画にそって実験を行い，結果を消化酵素の働きと関連付けて考察している。
４．消化酵素の働く条件について調べる実験を行う。 （１）	・消化酵素には，働きやすい温度があることを，実験結果を基に推測している。 ・自分の体で起こることや日常生活でみられる事象について，例をあげて説明している。
５．消化酵素の働きにより，食物が分解されていくことを知る。 （１）	・いろいろな消化酵素の働きにより，食物にふくまれているそれぞれの成分が，小腸から吸収されやすい物質に分解されることを説明している。
６．食物が体内に吸収される過程を図で表す。 （１）	・栄養分が体内に吸収される過程を既習内容を基に，図や表などを用いてまとめている。 ・柔毛が無数にある理由を，効率的な養分の吸収と関連付けて説明している。

４．授業の流れと生徒の姿

（1）第１教時〈ヒトの消化器官〉

学習活動

ⅰ，自分で記入した消化器官の図に，視聴覚教材の情報や指導者の説明をもとに，補足・修正を加える。

ⅱ，消化器官に関する課題（※）を提示し，消化の意味を考える。

※「消化管は体の外にある」という考え方がある。これは，何を意味しているのだろうか。

生徒の姿

消化器官を描画法によって描かせたところ（右図），ほとんどの生徒が，各器官の位置を正しく表現し，名称（食道，胃，小腸，大腸）を指摘することができていた。「消化とは」という書き出しで３つ以上の文を作らせたところ，次に示したような記述であった。

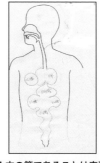

１本の管であることは表現できているが，臓器の位置はよくわかっていない。

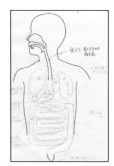

各器官の名称，位置について指摘できている。働きも知っている。

【「消化」についての記述】

> ・吸収しやすい形に変える15　・食べたものを分解する（小さくする）11
> ・とかすこと10　　・体内の液（胃液など）を使う3
> ・栄養（養分）をとる16　・体内に吸収する4　・必要なものを取り出す3
> ・水分を吸収する2　・栄養に変える2　・生きるために必要2
> たくさんの器官を通る，胃で行う，不要なものをだす，体の健康を守る　各1
> 無回答2

　以上のことから，食べた物がどこを通っていくかについての知識はあるものの，消化と吸収の働きについて，誤解している，もしくは同じこととして捉えている生徒がいることがわかる。学習後の記述内容は(6)に示す。

○視聴覚教材「ＮＨＫ人体」から得られた情報を自分なりの視点で書き込むことができた。人体の映像も視聴させたのだが，はじめは気味悪がって目をそむける生徒がいたが，徐々に実物のもつ迫力に圧倒され食い入るように見ている様子があった。

○ⅱの課題に対しては，日常的には全く意識していない考えであるため，仲間と討論しながら自分なりの考えをまとめていった。

振り返りから

・これまであまり考えたことがないことだったので，最初は意味がわかりませんでした。しかし，様々な人の意見を聞いて，消化管はバームクーヘンの穴のようなものなのかと考えました。

・確かにバームクーヘンの食べる部分が体の中（細胞でできている）と考えるとなるほどと思います。土管，筒のたとえも納得しました。

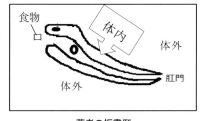

著者の板書例

(2) 第3教時〈だ液の働き〉

学習活動

・だ液がデンプンを糖に変化させることを確かめる実験を行い，消化酵素の存在を知る（ヨウ素反応，ベネジクト反応）。

生徒の姿

○ご飯を噛んでいると甘くなる経験から，糖に変化することは容易に予測できた。そこで，条件制御，対照実験について，強く意識させて実験を行わせた。

○反応速度の違いはあるものの，全ての班で予測どおりの結果が得られた。

(3) 第4教時〈～仮説検証型～ 消化酵素が働きやすい温度についての検証実験〉

学習活動

　　ⅰ，消化酵素が働く条件について考える。

　　ⅱ，消化酵素が体温以外で働くのかを調べる実験方法を考える。

　　ⅲ，実験を行い，結果をまとめる。

　　ⅳ，低温と高温の条件下においた消化酵素について考察する。

　　ⅴ，各班の発表を聞き，自分の考えをまとめる。

　　　【課題】　だ液は，体温以外の温度で働くのだろうか。

生徒の姿

学習活動ⅰ，ⅱについての学習プリントの記入例

> **自分の考え**
> だ液は体内に近い温度で働いていると思うので，高すぎたり低すぎたりすると働かなくなると思う。
>
> **他の人の意見を聞いて**
> 変温動物も消化液があるため，働くのではないか。
> 　→ 働くのかも…。
>
> **どのような実験をしたら，良いのだろう。**
> だ液やデンプン溶液の温度もそろえる。・対照実験する
>
> **仮説を立ててみよう**
> だ液は高温や低温になると体温から離れるため
> 働きを失ってしまう。

・高温下，低温下で実験する意味は理解しているが，実際の温度についての記述が
　ないため，実験方法を考える際に，具体的な温度を測定するように指示した。

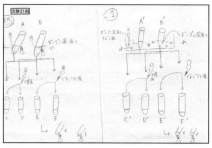

指導者の指示が加わっていない班の実験方法
→熱，冷という曖昧な言葉である。

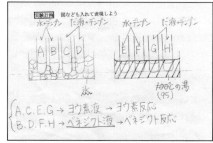

指導者との対話を行い，修正した班の実験計画
→具体的な温度も明示してある。

学習活動ⅲについて
・班内でペアを組み，低温下で行う実験と高温下で行う実験を行わせた。
●実験手順について頭ではわかっていても，実物を目の前にすると，うまくいかないことや予期せぬ問題が生じ，条件制御の面で課題がみられた。

学習活動ⅳについて
・同じ条件（0℃近くと100℃近く）で実験を行ったペア同士で，結果を伝え合う活動を行った。その後，班に戻り，実験結果からの考察を行った。→ジグソー学習的な手法で行った。
○交流を通して，自分たちの行った実験での問題点や改善点に気付くことができていた。→方法に問題があった班は，再実験する機会を設定した。

学習活動ⅴについて
学習プリントの記入例

> ・だ液は，体温からかけ離れている温度だと働きにくくなる。
> ・温度が高いときと低いときで違いがある。→働く温度が決まっている。

> ・だ液は人間の体温近くの温度のもとで，デンプンを糖に変化させるようだ。
> ・だ液は極端な温度だと，働きがにぶくなる。

> ・だ液は極端な温度だと，働きがにぶくなる。特に高温だとほとんど働かない。低温では働きが弱まるようだ。

○ヨウ素デンプン反応だけでは，デンプンの有無しかわからないが，ベネジクト反応の色の変化に注目することで，体温以外ではだ液が働かないのでなく，働きが弱くなることを指摘できていた。

> ・だ液は低温でも高温でもデンプンを糖に変える働きがある。
>   →対照実験を行わなかったため，もしかすると，違いがあるのかもしれない。

○上記の生徒は，低温下でも高温下でもベネジクト反応が見られた（色の違いには触れていない）ことをもとに，結論を出していた。しかし，学習活動ⅳを行ったことで，対照実験の重要性に気づき，自分の考えに修正を加えている。

［生徒の記入例］

結果から考えてみよう

だ液アミラーゼは体温近い温度で活発的に
働くが、0℃近くや100℃近くではあまり活発的に
働かないのではないと言える。

低温の時 ベネジクト反応が黄緑色だったことから反応が
うすいことが分かる。

高温の時 80℃以上になると、タンパク質でできている
酵素が分解してしまう。

(4) 第5,6教時〈消化酵素の働き〉

学習活動

・デンプンと糖の分子の大きさの違いを調べる実験を計画し，消化の意義について
考える。

生徒の姿

○粒の大きさが違うのであれば，「ろ過」を応用すれば良いことに気付いていた。
実験器具や検証する方法について，図を用いて説明できる生徒もみられた。

　→ろ過に用いる素材は指導者が指定をした（セロファンを用いた）。

振り返りから

・今日の実験で，吸収しやすい形というものがわかった。

・ブドウ糖の粒（分子）がかなり小さいことが納得できた。

・小腸から吸収されるためには，かなり小さい分子にならないとだめなことがわ
かった。

5．授業実践のポイント

　本単元では次のように研究仮説を立てて，実践を行った。

本単元での研究仮説

①消化・吸収の働きについて，既習事項を基に考えたり，疑問に思っていることを
調べたりするような課題を設定する。そうすれば，仮説を立てたり，結果を分析・
解釈したりする活動を通して，事象を科学的な視点で考えることの有用性に気付
いたり，日常生活との関連を意識させたりすることができるだろう。

②問題を見いだし，観察・実験を計画する活動や結果を分析・解釈する活動を取り
入れ，小集団内や小集団間で交流する場面を意図的に仕組んでいく。そうすれば，
導き出した自らの考えを修正したり，再構築したりすることで，学びが広がったり，
深まったりするだろう。

<①について>

　本単元の学習前に，動物の体について疑問に思ったことや知りたいことについてアンケートを実施した。その中で「食べ物はどのようにして，体内に吸収されるのか。」という記述をしている生徒が数名いた。この疑問を出発点として，「細胞が生きていくために，体の各器官がどのように関わっているのか」という『単元を貫く課題』を設定した。課題を解決していく過程を通して，消化酵素の存在にふれ，自分の唾液に含まれる消化液の働きを調べていく中で，自分の体の中で起こる事象を科学的に捉えさせていった。これは，消化液の働く条件や他の消化液について調べることを通して，日常生活との関連を実感させられると考えたからである。それを確認するために，単元の導入時に実施した短文記述法を学習後にもう一度行い，その変容をみとっていった。

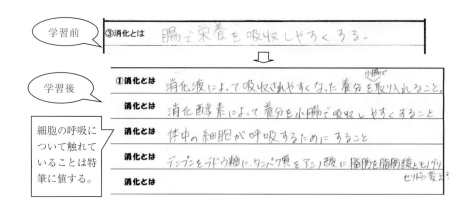

<②について>

　消化・吸収に関する問題を解決するために，仮説を設定し，検証していく実験を取り入れた。実験方法を考える際には，自分の考えをもって，小集団内や学級全体で話し合う場面を設定した。実験は，できる限り少人数で行わせ，一人一人が結果を自分のものとして，まとめることができるようにした。さらに，発展的な課題を解決する活動において，班内でできる限り異なる条件や方法で実験を行わせていった。その結果から共通すること，異なること，一般化できることなどを整理させ，結果を解釈させた。その話し合いの様子や，考察の記述内容から，自分の考えを深めたり，広げたりしているかを検証できると考えた。また，授業のねらいが，生徒の意識とずれていないかをみとるために，振り返りシートには「今回の学習で最も大事なこと」を文章記述させていった。さらに，前述した自分の考えを深めたり，広げたりしているかをみとるために，「新たな疑問や発見」を記述するようにした。

6. 授業を終えて ―考察―

(1)「消化・吸収の働きについて，既習事項を基に考えたり，疑問に思っていることを調べたりするような課題」について

○学習前に生徒の持つ素朴概念や既習内容を丁寧に調査することで，生徒の思考にそった学習活動を仕組むことができた。

○実験結果が，自分の立てた仮説のようにならなかったとしても，「実験誤差」の一言でまとめるのではなく，その原因を実験手順や条件制御の問題を考えるようになっている。

○時間はかかるが，課題に対する自分の考えを持たせたうえで討論に臨ませることは，学習への意欲付け，知識の定着に有効である。

【学習後の「消化」についての記述】（数字は人数）
・消化液によって養分を吸収されやすい形に分解する。14
・酵素によって養分を吸収しやすい形にする。6
・養分を細胞が吸収できる大きさに分解するしくみ13
・栄養分を吸収しやすい形（小さい分子）に分解する。6
・消化酵素を使い，養分を吸収されやすい形にする。8
・養分を分解し，体内に吸収しやすくすること。5
・デンプンをブドウ糖に，タンパク質をアミノ酸に，脂肪をモノグリセリド（グリセリン）と脂肪酸に変える。17
・消化液（胃液・膵液・腸液など）に含まれる酵素の働きで行う。8
・消化酵素がそれぞれ決まった物質に働き，分解する。13
・細胞が呼吸するために必要な働き 3
・細菌から養分を盗まれないための段階 3→*視聴覚教材からの知識*
・酵素が必要だが，消化酵素の正体はたんぱく質
・消化酵素が必要だが，働きやすい温度は決まっている。
・小腸で養分を吸収すること 3
・体の中に養分を取り入れること 4
・エネルギーを得る働き 2 　　　　　下線部→*誤って身に付いてしまった考え*

○学習課題に対してのまとめを行う際，黒板に書かれた指導者の文章をただ丸写しするだけであった生徒が，科学的用語を正しく用いて表現できるようになった。

○振り返りの中に，学習内容と日常生活との関連を記述できるようになっている。

　例：第4教時後の記述

夏に「暑いからといって，冷たいものを食べ過ぎると消化によくないよ。」といわれたことがある。これは，消化酵素の働きと関係があるのかもしれない。

△生活経験の違いや学習事項に関する知識の定着度の差から，自分の考えを持てずに学習活動に向かってしまうことがある。考えをもつために，必要最低限の知識や技能（同じ土俵に立つために）とは何かを吟味する必要がある。

△誤解して定着してしまった知識や技能を修正していく手立てや時期を検討することが必要である。単元のまとめを行うまで指導者側が気付かないことがある。

(2) 問題を見いだし，観察・実験を計画する活動や結果を分析・解釈する活動を取り入れ，小集団内や小集団間で交流する場面を意図的に設定することについて

○仮説を立てる場面において，他者の意見を参考にしている生徒は約57%（第4教時 学習活動iの記入例を分析）であった。また，数値化することはできなかったが，結果を分析・解釈する場面において，積極的に他者と意見交換をしようとしている姿が見られた。

○小集団内でペアを組ませ，異なる実験を行わせたことで，器具を操作せず傍観している生徒が皆無であった。結果をまとめる場面でも，習熟度の高い生徒だけがまとめてしまうようなことが少なくなった。

△レポート（実験報告書）の記述内容をみると，個人差が大きく，支援すべき点を整理する必要を感じた。

7．終わりに

私が理科授業の中で常に意識させていることは，観察・実験を伴う活動で「結果」と「結論」を区別することである。これは「事実」と「意見」をごっちゃにしないことであり、科学的な活動の在り方の習得につながる。また、紙面の都合で紹介できないが、Googleフォームなどのアンケート集計ソフトを活用して、各班の実験結果をクラス全体で共有し、考察を行っていくようなことも「主体的・対話的で深い学び」につなげる有効な活用となった。

引用・参考文献
・猿田祐嗣・中山迅『思考と表現を一体化させる理科授業』東洋館出版社，2011年。
・文部科学省『中学校学習指導要領（平成29年告示）解説　理科編』学校図書，2018年。

PRACTICE
2

見方・考え方を生徒と共有し，繰り返し科学的に探究することを通した，資質・能力の育成

－ 中学校第3学年　天体分野の実践 －

1．この単元を学習するねらい

(1) 教材について

　本単元は，理科における「地球」を柱とする単元であり，地球や宇宙に関する自然の事物・現象を時間的・空間的な視点で捉えることにつながる単元である。その見方を働かせながら，本単元では観察した太陽や星の日周運動が，地球の自転によって起こる相対的な動きによるものであることを理解させることがねらいである。また，年周運動については，同じ時刻に見える星座の位置が変わるのは，地球の公転による見かけの動きであること，太陽の南中高度や日の出，日の入りの時刻が季節によって変化することを，地球の公転や地軸の傾きと関連付けて理解させることをねらいとしている。

　太陽の日周運動の経路を観察する教材に，透明半球がある。これは観測者の位置（視点）を自転する地球の外側に移動させ，時間的・空間的な見方を育むとともに，太陽の動きを実際に観測することができる点で優れている。しかし，観測が天候による影響を大きく受けること，一日の中で複数回観察を行わなければならないため，正確なデータを基に考察するのが難しいことが課題として挙げられる。また，海外の太陽の日周運動の経路については実際に記録することができないため，シミュレーションソフトを用いての観察や，資料集や教科書の内容に頼らざるを得ない現状である。

　そのため，本単元の学習ではミニ透明半球（右図）を使用する。これは地球儀に設置してモデル実験を行うことができる教材であり，天候や時間の制約を受けずに太陽の動きを記録することができる。

(2) 指導について

　本単元の最初に，「前単元で調べた美しい天体を見るには，地球上のどの地点から，いつ，どの方向を見ればよいか」という単元を貫く課題を設定する。これにより，単元で育成する資質・能力を生徒と共有し，単元学習後の姿を明確にさせる。そし

て，モデル実験などを繰り返し行い，どの位置に観測者がいるか，方位や方向をどう捉えたらよいかを考えさせることで，時間的・空間的な見方や，天体の動きに関係する知識やそれを調べるためのモデル実験の技能などを身に付けていく。さらに，モデル実験を行う中で，教材や仲間と対話し，繰り返し条件を変更して行うことで，天体の相対的な動きについて，思考・判断・表現を繰り返すと考えた。

ミニ透明半球を用いたモデル実験では次のようなことを行う。第3時においては，観測者の位置を固定して光源に対する地球の地軸の傾きを変化させ，季節ごとの太陽の動きや南中高度の変化を記録させる。第4時においては，地球の地軸の傾きを固定して，観測者の位置を変化させ，同じ時期の世界各地の太陽の動きを記録させる。同じ教材を，条件を変えながら繰り返し使用することで，実験操作に躓くことなく，より確かな結果を得ることができると考える。また，シミュレーションソフトによって演示するだけではなく，モデル実験を行うことで，生徒に実感を伴わせながら学習を進めていくことができると考える。このように，繰り返しミニ透明半球を使用することで，条件制御を行いながら，太陽の動きを時間的・空間的な見方・考え方を働かせて捉えることにつながることが期待できる。また，地球儀には経線・緯線が引かれており，そこに注目して実験計画を立案したり，結果を比較したりさせることで見通しをもって実験計画を作成したり，考察を行う際の手がかりにしたりできると考える。

ミニ透明半球を使用する関係上，単元計画を，一日の太陽の日周運動について学んだ後に，季節ごとの太陽の日周運動について学ぶ。さらに，星の日周運動について学んだ後に星の年周運動について学ぶ，という流れに変更している。これにより，同じ教材の実験条件を変更して繰り返し実験を行うことができ，実験の技能の習熟が期待できる。また，実験を効率的に行うことで，じっくりと考察する時間を設けることができるようになり，課題に対してより深く向き合い，理解力の向上につながると考える。

振り返りの場面では，実験計画が適切であったかなど，結果や考察だけではなく，そこに至る探究の過程について自覚させるために，振り返りの視点を与える。今後の学習において，予想や仮説，観察，実験を行って終わりにするのではなく，見通しをもって活動することの大切さに気付いたり，各活動の質を高めたりする姿が見られるようになることを期待している。

2．この単元を通して育成したい資質・能力
• 科学的に探究する過程を意識的に繰り返させることで，見通しをもって観察や実験に臨む力
• 分析・解釈を適宜行い，自己調節をしながら課題解決をする力

3．評価規準及び学習計画

単元の評価規準

知識・技能	思考・判断・表現	主体的に学習に取り組む態度
身近な天体とその運動に関する特徴に着目しながら，地球の日周運動と自転，年周運動と公転の関係性を説明している。 　モデル等を用いて適切に観察，実験を行う技能を身に付けている。	天体の動きと地球の自転・公転について，見通しをもって観察，実験などを行い，その結果を分析して，天体の動きと地球の自転・公転の関係性についての特徴や規則性を見いだし，根拠を基に説明している。	天体の動きと地球の自転・公転に関する事物・現象に進んで関わり，見通しをもって観察，実験を行ったり，振り返ったりして，科学的に探究しようとしている。

学習計画（8時間計画）

時数	学習活動	指導上の留意点　☆評価規準（評価方法）
1	透明半球に太陽の位置を記録する。 　地球上の各地点での方位，時刻を図に表す。	・太陽が丸い天球面上を動くことをイメージしやすくするために，透明なビニール傘を用いて，モデル実験を行う。 ・地球上の観測者から見た方位を把握させるために，地球儀に書かれている経線・緯線を基に考えさせる。 ☆知識・技能（ワークシートへの記入）
2	日本の一日の太陽の動きを，モデル実験で調べる。	・ミニ透明半球への記録をシールで行い，記録を多くとらせたり，再実験させたりして，より確かな記録を得られるようにする。 ☆知識・技能（ミニ透明半球の記録，ワークシートへの記入）
3	日本の季節と，南中高度の関係をモデル実験で調べ，太陽の動きの規則性を見いだす。	・一日の日照時間と関連付けることで，地球の位置，太陽に対する地軸の傾きと，季節の関係について気付かせるきっかけにする。 ・季節の変化に伴う太陽の動きの変化に気付きやすくするため，1つのミニ透明半球に複数の結果を記録させ，比較しやすくする。 ☆思考・判断・表現（ワークシートの記述） ☆主体的に学習に取り組む態度（ワークシートの記述）
4 本時	春分・秋分の日における，世界の各地点の太陽の動きの規則性を見いだす。	・条件制御しながら実験計画を立てさせるために，経線や緯線に着目させ，太陽の動きに関係する要素を考えさせる。 ・複数のミニ透明半球にそれぞれ1つずつ記録をとり，それらを拡大したメルカトル図法の地図に貼りつけさせることで，世界の各地点の太陽の動きを比較しながら見ることができるようにする。 ☆思考・判断・表現（ワークシートの記述）
5	地球の自転による星の動きと，時間と位置の関係性について考察する。	・透明なビニール傘を用いて天球上の星を移動させ，夜の星の動きと昼の太陽の動きは，地球が自転しているため同じ動きになることに気付かせる。 ☆知識・技能（ワークシートの記述，計算問題への取り組み）
6	地球の公転による星の動きと，時間と位置の関係性について考察する。	・地球上の観測者から見た天体の動きが，地球の自転によるものか，地球の公転によるものか，分けて考えられるように，モデルを用いて考えさせたり，出題する問題の順序を工夫したりする。 ☆思考・判断・表現（計算問題への取り組み）
7	地球上の緯度から，南中高度を計算して求める。	・南中高度を求めさせるために，地球を円で表し，地球を数学で学習した平行線と角の大きさの関係を利用して求めるよう促す。 ☆知識・技能（ワークシートの記述，計算問題への取り組み）
8	前単元で自分が調べた天体が，いつ，どこで，どの方角に見えるか考察する。	・様々な情報から，天体がある方角を求めさせる。 ・太陽の周りを公転していない天体は，星座との位置関係などと関連付けさせて，見える時期，時刻，方角について考えるよう促す。 ☆思考・判断・表現（ワークシートの記述） ☆主体的に学習に取り組む態度（ワークシートの記述）

4．本時の学習活動 (4/8)

(1) 目標

　ミニ透明半球を用いたモデル実験結果を分析して，地球上の観測者の位置と太陽の動きの関係性についての規則性を見いだし，実験結果を基に説明することができる。

(2) 展開

学習活動 【学習形態】	・指導上の留意点	☆評価規準（評価方法），目標を達成した生徒の姿
1．日本と海外の家の間取りを比較し，その違いの原因に目を向け，課題を見いだす。 【一斉】	・家の間取りを決める要因となる太陽の向きについて焦点化して課題を見いださせるために，日本の家の間取りの例，南半球の家の間取りの例を提示する。	
課題　　地球から見た太陽は，世界各地でどのように動いて見えるのだろうか		
2．条件を整理し，実験計画を立案する。 【個→グループ→一斉】	・実験条件を制御するために，春分・秋分の日の位置に地球がある前提で実験を行わせるとともに，地球の経線・緯線に着目させ，どの条件を変化させればよいか考えさせる。 ・多くのデータを基に結果を処理できるように，1人1つのミニ透明半球を使用して，各班が2，3カ所の記録をとることができるようにする。 ・拡大したメルカトル図法に記録場所をマグネットで貼り付け，他の班が調べる場所を見えるようにし，自分の班の実験の実験条件がふさわしいかどうか，確認させる。	
3．ミニ透明半球を用いて，世界の各地点の太陽の軌跡を記録する。 【グループ】	・モデルの位置関係が春分・秋分の日になっているか，ミニ透明半球の向きが正しいか，班ごとに机間指導を行い，必要に応じて助言する。 ・他の班と比較させやすくするために，記録の開始地点，記録の数などを確認させる。	
4．結果を確認する。 【グループ→一斉】	・他班と比較しながら観察することができるよう，ミニ透明半球を拡大したメルカトル図法の地図に貼りつけさせる。	
5．実験結果を基に，地球上の観測者の位置と太陽の動きの関係性について説明する。 【個】	・特定の地点だけではなく，地球全体として太陽がどのように動いているかまとめることができるように，必要に応じて拡大したメルカトル図法に貼りつけた結果を確認するよう促す。	

☆思考・判断・表現（説明の様子の観察，プリントの記述）
　実験結果を基に，次のような説明をしたり，プリントに記述したりしている。
・太陽を北半球で観察すると，東→南→西と動いているように見える。南半球では，東→北→西と動いているように見える。
・太陽の南中高度は，北極や南極に近いほど低くなり，赤道に近いほど高くなる。観測者の位置の経度が変わっても，太陽の動きや南中高度に変化は見られない。
・太陽は世界のどの地点でも東から昇り，西に沈む。観測者の位置が赤道付近のとき，太陽は天頂上を通過し，そこを境に北半球では南側，南半球では北側を通過する。南中高度は観測者の位置の緯度が大きいほど小さくなり，緯度が小さいほど大きくなる。

5．授業の実際

(1) 前単元とのつながりについて

単元構成を変更し，「惑星と恒星」を先に学習した。その際に「あなたが選ぶ，最も魅力的な○○○を紹介しよう」という単元を貫く課題を設定し，最終時にレポートを作成した。この際，科学的な見方・考え方として，特に「比較して」を明示したことで，自分が選んだ天体を他の天体との違いに着目して記述する様子が見られた。また，作成したレポートは各クラスで評価会を行い，意見交流しながらクラス賞を決定した。他者のレポートの優れた点を探す活動を通して，自分のレポートに足りなかったところやよいところに気付く姿が見られた。

次の本単元において「前単元で調べた美しい天体を見るには，地球上のどの地点から，いつ，どの方向を見ればよいか」という単元を貫く課題を設定したことで，天体に対する興味・関心を高め，天体の動きや見え方の規則性を考察させることにつながった。

(2) 前時の学習について

「日本の四季の太陽の動きはどうなっているか」という課題で授業を行った。課題を自分事とさせるために，生徒の生活経験を引き出させた。例えば「夏と冬では何が違う？」と問いかけ，「気温」「日の長さ」などの違いと，太陽の動きとの関連を結び付けて予想させ，ミニ透明半球で実験を行い，検証させた。

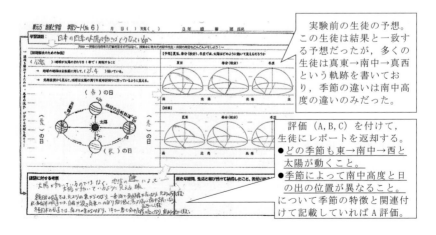

実験前の生徒の予想。この生徒は結果と一致する予想だったが，多くの生徒は真東→南中→真西という軌跡を書いており，季節の違いは南中高度の違いのみだった。

評価（A，B，C）を付けて，生徒にレポートを返却する。
●どの季節も東→南中→西と太陽が動くこと。
●季節によって南中高度と日の出の位置が異なること。
について季節の特徴と関連付けて記載していればA評価。

(3) 本時の学習について

学習活動1について

　導入時の発問を「家の間取りについて問う」ことから，「生徒が前時の振り返りに書いた疑問を紹介すること」に変更した。発問を変更したことで，新しい資料から課題を見いだすのではなく，前時の学習とつながりをもって授業をはじめることができ，課題を自分事として捉えさせることができたと感じている。

　前時に記述していた疑問には「南半球の太陽の動きはどうなっているか」「赤道付近では太陽の動きはどうなっているか」「太陽の南中高度は世界中どこでも同じなのか」などがあった。

学習活動2について

　課題解決のために日本を基準にして各班3つ程度，観測地点を決めるよう指示したところ，生徒は当初，自分の調べたい国，自分の知っている国を観測地点の候補にしていた。そのため，観測地点に相関性がなかったり，「極付近，赤道付近，南半球」と緯度に着目しているが，経度がバラバラであったりと，条件制御がなされていなかった。そこで，全班の観測地点を拡大印刷したメルカトル図法にマグネットで貼り付けさせ，班ごとに選んだ理由を話させた。その後，科学的な見方・考え方の「条件制御」を黒板に貼り，観測地点の練り直しの時間を設定し，班で調べる地点が太陽の動きを調べる上でふさわしいか考えさせた。すると生徒は，自分の班の観測点を見直し，緯度や経度，北・南半球との季節の違いなどから太陽の動きを予想し，条件を制御しながら観測点を設定していた。

学習活動3について

　ミニ透明半球を使用するのは3回目となるため，スムーズに観測を行うことができた。机間指導では，光源と地球の位置関係が春分・秋分になっているかを確認するにとどめた。

学習活動4，5について

　結果の処理の場面では，拡大印刷したメルカトル図法の地図に，太陽の動きを記録したミニ透明半球を貼り付けさせた。そして，科学的な見方・考え方の「共通点」「相違点」「位置」「比較して」のマグネットを黒板に貼り，予想や課題に立ち返らせながら地球全体で太陽がどのように動いて見えるか考察するよう促

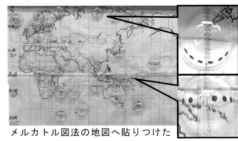

メルカトル図法の地図へ貼りつけた

単元5 地球と宇宙 学習シート(No.7)　　月　日( )　天気( )　　　3年

学習課題： 地球から見た太陽は、世界各地で、どのように動いて見えるか。／思・表

Note ～黒板の内容をただ書き写すのではなく、授業中に考えた内容や先生・仲間の発言もどんどんメモしよう！～

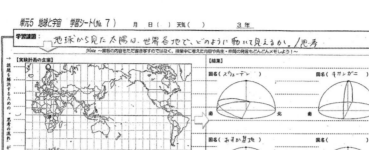

→【実験計画の立案】

→ 課題を解決するための "思考の流れ" が分かる記録を残そう！

どの地点を調べる？またその理由は？

北　ストクオルム（スウェーデン）

赤道　キサンガニ（コンゴ民主共和国）

南　あすか基地（南極）

【結果】
国名（スウェーデン）　　　国名（キサンガニ）
南　北　　　　　　　　　　南　北
国名（あすか基地）　　　　国名（　　　）
南　北　　　　　　　　　　南　北

課題に対する考察
同じ緯度だと、太陽の動き方が同じなので、南中高度も同じになり、そのため季節が同じになると分かった。さらに、北半球と南半球では、春と秋では振れ方のようなこと（？）があると思いました。緯度が変わっても太陽の動きは変わらないが、緯度がかわると太陽の動きがかわると、分かりました。

振り返り
自分の班だけだと、同じ緯度で3種類の緯度しか測れないか、他の班の透明半球と見比べることで、同じ緯度だと、太陽が同じ動きをすると分かるのだと思いました。また、緯度をそろえることで対照実験になり、比較しやすいのだと思いました。

[A]

課題に対する考察
春・秋の場合だと、右のように、高緯度であるほど、南中高度が低くなる。
地球のどまんなかから見た、その地点の位置で考えると、わかりやすい...？
南半球から見ると、東→北→西の順で、北半球からは東→南→西の順で、正中...

高緯度　　低南中高度

振り返り
前回、日本の太陽の動きを調べた時、東から西へ向かう時、南中高度が南にあったので、オーストラリアを調べた時に、南中高度が南にあったので、シールの位置を地図したのかなと思ったのですが、他の全体の結果を見て、南中高度が北になるのが正しいとして、良かったです。

振り返り
私の班で最初にフィンランドとキプバスを調べていたのですが、同じ緯度という条件を揃えてロシアのナホトカに変えました。調べてみて、太陽が真上を通ることはないですが、南半球では太陽は北を通ることも知って驚きました。

振り返り
日本で日当たりがよい場所といえば、南で、というのはあたりまえのこととなっているが、南半球では「北」で、日本とは逆の現象が真になるのだなと面白く思った。今日は地球儀のため、完全な北極、南極はできなくて少しショックだったが、太陽は少し高度を低く測定することで、測った角度を出す感じでないか、ということも気になった。

文章でまとめているレポート。振り返りには多面的、条件制御に関する記述。

図を用いて説明しようとしている生徒のレポート。考察に迷いが見られたため、返却の際に、問い返しを行った。

条件制御を意識して、練り直しの時間に観測場所を変更したことを記述している。

素朴概念が変わったことに関する記述。
教材研究を続ける必要性を感じる記述も見られた。

前回の実験の反省を踏まえて実験を行ったこと。その結果生じた疑問を、他班の結果を踏まえて多面的に考察したことが記述されている。

059

した。生徒は南中高度が緯度と関係があることを見いだし，図や言葉を用いて記述していた。

　授業後，振り返りを記入させた。結果や考察に至る探究の過程について自覚させるため，振り返りの視点として「課題を解決するまでの過程で今回大切だと感じたところ」を与えたところ，多面的に考えること，見通しをもって実験すること，条件制御の必要性などについて気付く記述が見られ，課題解決に向かう中で生徒が事項調整を図りながら活動している姿をうかがうことができた。

6．天体分野の実践を通して

　実践を通しての成果（○）と課題（▲）は以下の通りである。

○新学習指導要領を踏まえ，右の図の
　ように理科における科学的な見方・
　考え方を整理し，理科室に掲示した。
　これには裏面に磁石がついており，
　板書を行う際に黒板に貼り付けるこ
　とができる。授業者と生徒が働かせ
　ている，あるいは働かせるべき見方・
　考え方を明示し，共通認識すること
　で，科学的に考察する力が高まるこ
　とにつながったと考えている。

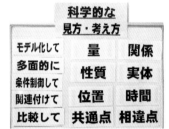

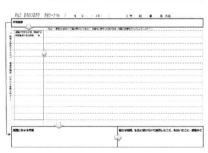

○全学年の授業プリントのレイアウト
　の基本形を統一し，思考の流れを可
　視化し，科学的に探究する過程を意
　識的に繰り返させた。3年生は昨年
　度に引き続きこのレイアウトで学習
　をしているため，書き方や活用の仕
方に慣れ，結果まで見通しをもって観察や実験に臨む姿勢の育成につながったと考えている。

○天体の相対的な動きを捉えさせるために，第2時～第4時において条件を変更しながらミニ透明半球によるモデル実験を繰り返し行わせた。これにより，実験の技能を高めることができた。また，実験を効率的に行うことで，じっくりと考察する時間が生まれ，課題に対してより深く向き合い，理解力の向上につながった。さらに，シミュレーションソフトによる演示に加え，モデル実験も行ったことで，第5時～第7時の課題に対しても，ミニ透明半球を用いて学習した考え方を活用し，天体をどの位置から見ているのかを意識して，天体の動きを考察する姿が見

られた。

▲主体的に学習に取り組む態度の評価について，振り返りの視点を与えて生徒に考えさせようと試みた。しかし，振り返ったことが次の学習につながらず，個々の授業に対しての振り返りになってしまったように感じている。生徒自身が課題解決に向けてどのようなプロセスをたどったり，自己調整したりしたのかを自覚させ，授業で振り返って気付いたことを，他の学習においても活用できるような単元構成を検討していきたい。また，三年間を通じて資質・能力を育成するという視点をもち，教科部会で成果や課題を共有し，今後も実践を行っていきたい。

引用・参考文献

・文部科学省　国立教育政策研究所『「指導と評価の一体化」のための学習評価に関する参考資料』2020年。
・文部科学省『中学校学習指導要領（平成29年告示）解説 理科編』学校図書, 2018年。

台所から始まる化学の探究
― 化学基礎における「授業開き」と「比較スキル」の育成 ―

1．この単元を学習する意義

　本単元「化学と人間生活」は，高等学校学習指導要領（平成30年告示）において，『化学と人間生活との関わりについての観察，実験などを通して，「化学の特徴」，「物質の分離・精製」，「単体と化合物」，「熱運動と物質の三態」の，「知識・技能」と「思考力・判断力・表現力等」とを相互に関連させながら，「科学的に探究するために必要な資質・能力の育成」を目指すこと』とされている。中学校理科の第1分野で扱われた粒子・物質・エネルギーに関する知識の理解や観察・実験の技能の習得，そして日常生活等での体験をもとに，より広く，より深い高等学校化学の世界への入り口となる単元でもある。

　特に冒頭に位置付けられている「化学の特徴」については，この科目の導入，かつ学習の動機付けとなるように設けられている。教科書の表紙見返しに必ずと言ってよいほど掲載されている，「元素の周期表」（を覚えること）が高校化学のスタートではないのだ。また，本単元と呼応する形で，本科目の最後の単元「物質の変化とその利用」内の最後には，「化学が拓く世界」が新規に置かれた。学習指導要領（平成30年告示）によると，『この科目で学んだ事柄が，日常生活や社会を支えている科学技術と結び付いていることを理解すること』とされており，化学基礎の履修開始時に比べて「気付き」がどれほど広く，深くなったかを見取ることが，本科目全体の学習評価の1つになる。

　以上のように，単元としての「化学の特徴」の重要性はおわかり頂けたであろう。しかしながら，この単元をどのように「探究的に」授業展開したらよいかの「唯一解」はない。本単元は，化学基礎の「授業開き」にもあたる。多くは，入学あるいはクラス替え直後である1・2年次生の授業が想定される。生徒同士，そして生徒と授業者との良い関係性を築くための第一歩を，どのように踏み出せばよいのか。ヒントは授業者の「ファシリテート力」にあると筆者は考えている。とはいえ，未だ手探り状態である本執筆者の授業実践例を紹介したい。

2．この単元を通して育成したい資質・能力

・失敗を恐れず自らの意見を表出するとともに，他の意見も受け入れようとする態度（学びに向かう力，人間性等）
・抽出した情報から比較・関連付けを行い，表現する力（思考力，判断力，表現力等）

3．単元計画と評価規準の例

（1）単元計画

1授業時間を50分とした場合の本大単元の計画を表1に示す。

表1　本単元（大単元）の単元計画（項目番号は学習指導要領に準拠）

大単元 （1）化学と人間生活　　　中単元 （ア）化学と物質			評価の観点		
			知識・技能	思考・判断・表現	主体性
各単元の時数	小単元	学習活動			
1（本時）	⑦化学の特徴	・「台所内のアイテム1つごと」に「その目的・求められる機能や性能」と「素材（わかる範囲で）」を数多く【みつける】。			○
		・自他で挙げられたケースを共有し，「素材」とその「目的・機能・性能」の関係性を，ある「性質・特徴等」の観点で数多く【まとめる】。		○	
		・自他で挙げられたケースを共有し，ある「性質・特徴等」の共通の観点で，複数種の素材を【くらべる】。		○	○
1	④物質の分離・精製	・純物質と混合物の性質を理解する。	○		
		・ろ過，蒸留，抽出，再結晶，クロマトグラフィー等について，各物質の性質の違いにより分離・精製が行われることについて理解する。	○	○	
		・黒色水性サインペンインクのペーパークロマトグラフィーを行い，複数種の色素で構成されていることを学ぶ。	○		
		・市販スナック菓子からの油脂の抽出に関する2分間の自主制作映像ビデオを視聴し，疑問等を含めて考えたことを数多く挙げ，共有する。		○	
2	⑦単体と化合物	・物質を構成する元素は，約120種類あることを理解する。	○		
		・純物質は，単体と化合物に分類されることを理解する。また，いくつかの元素には同素体があることを知る。	○		
		・元素を確認する方法に，炎色反応や沈殿の生成があることを理解する。	○		

		・炎色反応の実験を通して，水溶液中に含まれる元素を推測する。また，炎色反応とスペクトル分析を組み合わせた未知元素発見の歴史に関する10分間のビデオを視聴し，現代の科学技術にも活用されている技術であることを学ぶ。	○	○	○
1	㊁熱運動と物質の三態	・物質が自然に広がっていく現象を拡散ということ，また，その現象は熱運動によることを理解する。	○		
		・物質には三態があり，それぞれの状態のとき，物質を構成する粒子がどのように運動しているかを理解し，身近な現象と関連付けて考察する。	○	○	○
		・状態変化によって物質の体積がどのように変化するかを理解し，物質を構成する粒子のふるまいとの関係について，身近な現象と関連付けて考察する。	○	○	○

(2) 評価規準の例

本大単元の評価規準を表2に示す。

表2　本単元（大単元）の評価規準

知識・技能	思考・判断・表現	主体的に学習に取り組む態度
化学と物質についての実験などを通して，化学の特徴や物質の分離・精製，単体と化合物，熱運動と物質の三態について理解しているとともに，科学的に探究するために必要な実験などに関する基本操作や記録などの基本的な技能を身に付けている。	化学の特徴や物質の分離・精製，単体と化合物，熱運動と物質の三態について，問題を見いだし，見通しをもって実験などを行い，科学的に考察し表現しているなど，科学的に探究している。	化学の特徴，物質の分離・精製，単体と化合物，熱運動と物質の三態に関する事物・現象について主体的に関わり，見通しをもったり振り返ったりするなど，科学的に探究しようとしている。

（『「指導と評価の一体化」のための学習評価に関する参考資料 高等学校理科』を基に筆者作成）

4．授業実践の実際

　本項では前項の表1に示した単元計画の最初の小単元「化学の特徴」の授業実践例を紹介する。主な学習活動は以下の3つである。

①「台所内のアイテム1つごと」に「その目的・求められる機能や性能」と「素材（わかる範囲で）」を数多く【みつける】。

②自他で挙げられたケースを共有し，「素材」とその「目的・機能・性能」の関係性を，ある「性質・特徴等」の観点で数多く【まとめる】。

③自他で挙げられたケースを共有し，ある「性質・特徴等」の共通の観点で，複数種の素材を【くらべる】。

これらの学習活動を通して前項2に示した「資質・能力」の育成を目指すものである。

本実践例は，Google Workspace（クラスルーム，フォーム，スプレッドシート）を活用したものとなっている。止むを得ない学校休校による家庭での学習はもちろん，対面授業の場合でも生徒所有端末の活用（BYOD: Bring Your Own Device）や各校所有の端末の利用が可能であろう。なお，BYODについては，生徒・保護者の理解，そして校内でのインターネット接続環境や運用ルールの整備が必要である。ICTの利用により，授業の効率化や生徒の学習記録が残せるなどのメリットも大きい。もちろん，ICTが活用できない場合でも，ワークシートを配布したり，グループごとの卓上ホワイトボードを活用したりした授業形態でも対応可能である。例えばホワイトボードを利用した場合は，カメラ等でデジタル画像を学習記録として残すという工夫も考えられる。

学習活動①【みつける】

指示：「台所内のアイテム1つごと」に対して「その目的・求められる機能や性能」と「素材（わかる範囲で）」を1行ずつ改行しながら1人10個以上を目標に挙げよう。細かい正誤は気にせず，事例数を多く出すことを優先しよう。

生徒の記述例を表3に示す。中学校までの学習や，生活体験の中で身に付いた知識のアウトプットがなされている。素材について，「プラスチック」といった大きな捉え方，「熱硬化性樹脂」といった分類名，さらには「塩化ビニル」といった具体的物質名が出るなど，実に多様な記述があり，おもしろい。

表3　学習活動①【みつける】における生徒の記述例（3名分を抜粋）

「フライパン」，「食べ物を加熱する」，「金属，プラスチック，セラミックス」 「菜箸」，「食べ物を掴む」，「木」 「お椀」，「食べ物をよそう」，「木，プラスチック」 「鍋」，「食べ物を加熱する，煮る」，「金属」 「湯沸かし器」，「水を加熱する」，「金属，プラスチック」 「スプーン」，「すくって食べるときに使う」，「金属，プラスチック」 「フォーク」，「さして食べるときに使う」，「金属，プラスチック」 「ざる」，「水分をきる」，「金属」 「まな板」，「食べ物を切る時に下に敷く」，「木，プラスチック」 「包丁」，「食べ物を切る」，「金属，プラスチック」 「コップ」，「飲み物を入れる」，「プラスチック」 「台拭き」，「テーブルなどを拭く」，「布」
「包丁」，「物を切る」，「ファインセラミックス」 「ラップ」「物を包んで保存する」，「塩化ビニル」 「アルミホイル」，「物を包んで保存したり焼いたりする」，「アルミホイル」 「フライパン」，「物を焼く」，「セラミックス」 「コップ」，「液体を入れる」，「ガラス」

「ピーラー」	「皮を剥く」	「持ち手はプラスチック，刃はセラミックス」
「やかん」	「水を加熱する」	「アルミニウム」
「菜箸」	「物を炒めたり盛り付けたりする時に使う」	「木」
「フライ返し」	「物をひっくり返し，焼く」	「熱硬化性樹脂」
「おたま」	「味噌汁などをすくう」	「アルミホイル」

「まな板」	「食材を切る時に台を傷付けないようにする」	「木」
「布巾」	「洗った食器の水気をとる」	「綿」
「コップ」	「飲み物を入れる」	「ガラス」
「しゃもじ」	「ご飯をよそう」	「プラスチック」
「おたま」	「汁物をよそう」	「ステンレス・プラスチック」
「お茶碗」	「ご飯を盛り付ける」	「磁器」
「プレート」	「おかずを盛り付ける」	「プラスチック」
「箸」	「食べ物を食べる」	「木」
「やかん」	「熱をよく伝える」	「ステンレス」
「スプーン」	「食べ物を掬う」	「ステンレス」

学習活動②【まとめる】

指示：次に，学習活動①の各個人ワークの成果をクラス全体で共有し，「素材」と「目的・機能・性能」との関連性を，ある「性質・特徴」といった観点でまとめながら，次の記述例のように複数挙げよう。

（記述例）

　　「素材Ａ」の「Ｂという性質・特徴」が「目的・機能・性能Ｃ」のために利用されている。

　　生徒の記述例を表４に示す。「台所内のアイテム」を数多く挙げることに意識を向けさせた学習活動①に対して，より思考や表現を要する活動となるため，１人あたりの事例は少なくなるものの，同じ素材でもそれぞれ異なる「性質・特徴」が挙げられるなど，こちらも多様な記述が見られた。

表4　学習活動②【まとめる】における生徒の記述例（４名分を抜粋）

「プラスチック」の「軽くて扱いやすいこと」が「盛り付ける」ために利用されている。 「プラスチック」の「透明性」が「計量」のために利用されている。 「鉄」の「熱伝導性」が「食材を焼くこと」に利用されている。
「ステンレス鋼」の「錆びない」性質が「調理しても劣化しない，しにくい」目的で使われている。 「プラスチック（ポリプロピレン）」の「軽く，頑丈」な性質が「食材の保存，運搬時の容器」として使用される。 「プラスチック（フェノール樹脂）」の「熱を通しにくい」性質が「火傷の防止」などの目的で使われている。 「金属」の「熱を通しやすい」性質が「食べ物を効率よく熱する」ことに使われている。 「ナイロン」の「耐薬品性」が「化学洗剤に耐性のある清掃用具」として使用されている。 「陶磁器」の「水に溶けない」性質が「容器」などとして使用されている。 「ガラス」の「水や薬品に強い」性質が「容器」として使用されている。
「金属」の「熱の伝導性の高さ」が「焼いたり炒めたり温めたりする」のに利用される。 「ステンレス鋼」の「劣化しにくい性質」が「食材を切る」のに利用される。

「プラスチック」の「割れにくく錆びない性質」が「料理を乗せる皿など」に利用される。
「ガラス」の「水に強い性質」が「水を入れる容器やコップ」として利用される。
「メラミン樹脂」の「耐熱性」が「熱いものを入れる」のに利用される。

「ステンレス」の「耐熱性」が「熱を通す」のに利用されている。
「ステンレス」の「強度」が「何かを切る」のに利用されている。
「プラスチック」の「軽い性質」が「掴む，すくう」のに利用されている。
「界面活性剤」の「親油性」が「汚れを落とす」のに利用されている。
「綿」の「吸水性」が「水気をぬぐう」のに利用されている。
「シリコーン」の「電気絶縁性」が「レンジに入れるとき」に利用されている。

学習活動③【くらべる】

指示：最後に，学習活動②の各個人ワークの成果をクラス全体で共有し，ある「性質・特徴」の観点で複数の素材を比較し，次の記述例のように複数挙げよう。

（記述例）

「性質・特徴A」について，「素材Bは○○であるのに対し，素材Cは△△である」。

生徒の記述例を表5に示す。学習活動②と同様，思考や表現を要する活動となる。比較・表現の型を記述例として示すことで，学習活動が進めやすくなるよう工夫している。

表5　学習活動③【くらべる】における生徒の記述例（4名分を抜粋）

「熱の伝わりやすさ」について，「鉄や銅は熱を伝えやすいのに対し，プラスチックは熱を伝えにくい」。
「酸への耐性」について，「ガラスが影響を受けにくいのに対し，鉄は影響を受けやすい」。
「急激な温度変化による壊れやすさ」について，「プラスチックは強いのに対し，ガラスは弱く，割れやすい」。

「熱伝導性」について「鉄はよく熱を通すのに対し，木やプラスチックは通しにくい」。
「丈夫さ」について「プラスチックは割れにくく傷にも強いのに対し，ガラスや陶器は割れやすい」。
「耐熱性」について「シリコーンやステンレスは熱に強いのに対し，ガラスやセラミックは急な温度変化に弱い」。
「さびやすさ」について「鉄はさびやすいのに対し，プラスチックはさびることはなく，ステンレスもさびにくい」。
「電気伝導性」について「鉄などの金属は電気をよく通すのに対し，プラスチックは通さない」。

「耐久性」について，「プラスチックは割れにくいのに対し，ガラスや陶器は割れやすい」。
「耐熱性」について，「シリコンやステンレスは熱に強いのに対し，ガラスは弱い（特に急な温度変化の時）」。
「伝熱性」について，「鉄やステンレス，アルミは熱を通しやすいのに対し，木やプラスチックは熱を通しにくい」。

「強度」について「ガラスは壊れやすいが，鉄などの金属類は壊れにくい」。
「軽さ」について「プラスチックや木は軽いが，金属類は重い」。
「熱伝導性」について「金属類は熱を通しやすいが，ステンレスは通しにくい」。
「錆びやすさ」について「金属類は錆びやすいが，プラスチックやステンレスは錆びない」。
「酸への強さ」について「プラスチックは強く，アルミニウムは弱い」。
「1gあたりの値段の高さ」について「金は高く，プラスチックは低い」。
「匂いのつきやすさ」について「ホーローは低く，木はつきやすい」。

5．本授業実践の振り返り

　本時の学習活動は「化学基礎」の授業開きを兼ねたものであった。学習活動自体は個人ワークを基本としているものの，他の生徒から挙げられた多様な事例を共有しながら行う形式とした。生徒の授業後の振り返りからは，「自分が思い付かなかった例（素材や性質）が多くあって感心した」，「普段は気にも留めないようなモノの見方を体験できた」，などというコメントが多く，当初のねらいは達成できたものと考える。

　また，「様々な素材のそれぞれの性質の違いはどこから来ているのだろう」という新たな課題を見いだしているコメントも複数見られた。各種物質の性質は，次の大単元「物質の構成」で学ぶ，「化学結合」や「分子間力」の違いに起因するところが大きく，本時の学びが後々になって「つながる」喜びを感じて欲しいというのが，本執筆者の別のねらいでもある。

　過去，「物質の構成」までを履修した別の生徒たちに，「身近な場面で，化学結合（共有結合，イオン結合，金属結合）や分子間力（ファンデルワールス力や水素結合）の違いを実感する事例を挙げて説明せよ」という問いを与えたことがある。「アルミニウム製の鍋に水を入れて加熱したところ，水は液体から気体に蒸発して量が少なくなったが，鍋は外見上の変化はなかった。このことから，水分子同士に働く分子間力が，鍋の素材であるアルミニウム原子間に働く金属結合（化学結合）に比べて極めて弱いことを実感した」。これは当時私がベストアンサーと評価した解答である。何より，アルミニウム金属単体と水を「（同時に）加熱」するという「共通条件」において「比較」したところが素晴らしかった。これぞまさに，「知識・技能」をもとに「思考力・判断力・表現力等」が見事に発揮された例である。

6．授業者のモットー

　何より授業は，「安心の場」であることが第一である。ここで言う「安心」とは，何も「いつも分かりやすい説明の授業をすること」ではない。一般的に「失敗や間違い」と呼ばれることを許容する雰囲気を作り，できるだけ試行錯誤の時間を確保する授業が理想である。本執筆者は，前項までの授業実践例のように，各単元の初回導入授業においては特に，ブレインストーミングやワールドカフェ方式，KJ法などを取り入れ，思考の発散や収束を行わせている。「個人活動」→「小グループでの共有」→「クラス全体での共有」→「個人へのフィードバック」という流れを持たせることで，各生徒個人の学び方の差異はあれど，協働的活動による「知の集積」や「学び」を達成できる。これはICTを用いたオンライン・リモート授業でも実現可能である。

　「失敗」を恐れないチャレンジ精神や，「失敗」を受け止め，次の改善につなげようとするマインドは，大学等への進学や企業等での就職後でも必要な資質である。

「失敗」とは，行動する前にその結果をよく考え，そして実際に行動したからこそ得られる「結果」である。研究活動に例えれば，仮説を設定して，実験計画を立て，実験し，得られる結果が仮説通りでなかったとしても，その失敗も次の仮説設定のためのデータの1つということである。データの隠蔽や改竄といった，研究活動における倫理的禁忌が話題になることがあるが，この背景には，先ほど述べた資質が欠けていることが一因であるように思う。

「比較・関連付け」や，その「表現」のスキルは，前項4に紹介した学習活動だけでは到底身に付かない。そのため，その後の授業においても実験の有無に関わらず，比較スキル（共通点探しや分類を通じた規則・法則の類推）を育成する機会を多く設けている。また，授業中の生徒との対話を通して，「比較のための基準（比較対象）」や「量感」に関して都度，指導を行っている。「大きい（小さい）」，「高い（低い）」，「広い（狭い）」などの比較を伴う言葉を生徒が比較対象なく発した際には，「何に比べて？」と問いかける。また，その比較基準となり得る様々な量の見当をつけたり，イメージしたりするための「量感」をできるだけ身体や言葉で表現できるように指導している。例えば，生徒に「1m」という長さを表現させると，両掌の間隔で示したり，立位の足底から自分の胸の位置までの高さで表したり，靴の全長の何倍と表現したりと様々である。「量感」は自身の知的財産の1つであり，学習の基盤に大きく関わると信じている。これらのことは，まさに高等学校学習指導要領（平成30年告示）解説にも「自然の事物・現象を，質的・量的な関係や時間的・空間的な関係などの科学的な視点で捉え，比較したり，関係付けたりするなどの科学的に探究する方法を用いて考えること」との記述のある，「理科における見方・考え方」そのものである。この「比較」スキルは，他教科における学習にとどまらず，人生を送る上で常に必要になるものであると言っても過言ではない。

ここまで，さも全て達観しているようなことを述べてきたが，本執筆者自身，創意工夫を凝らしつつチャレンジしながらも，幾多の「失敗」を繰り返しながら「唯一解」のない営み（＝授業改善）を繰り返している一人である。生徒と同じく，我々教員も教科・科目や校種をも越え，互いの授業実践を共有し，生徒の成長のため，より良い社会形成のため，そして何より自己も成長していけることが理想形である。本稿が読者皆様の何らかの一助になれば幸いである。

引用・参考文献

・国立教育政策研究所教育課程研究センター『「指導と評価の一体化」のための学習評価に関する参考資料 高等学校理科』，2021年。
・文部科学省『高等学校学習指導要領（平成30年告示）』東山書房，2018年。
・文部科学省『高等学校学習指導要領（平成30年告示）解説 理科編 理数編』実教出版，2019年。

PRACTICE
4　化学実験における「スパイス」

1．理科の学習と「生きた知識」

　わたしたちは日常生活のなかで経験的に知り得た知識を，主に日常生活のなかで生かしている。それは親から子へと伝わるものもあれば，友達との関わりのなかで得るものもあり，自ら習得して得るものもある。家庭のみならず，地域や遊びのなかで習得したまさに「生きた知識」である。一方，学習で得られた知識を日常生活のなかで生かしているかと問われると，大半が否定的な回答をするのではないだろうか。つまり，「生かしきれていない知識」になっていると考えられる。

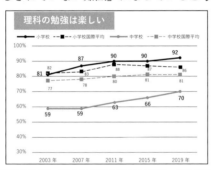

図1　理科の勉強に対する肯定的回答の変化（TIMSS2019）

　図1より，国際数学・理科教育動向調査（TIMSS2019）において「理科の勉強は楽しい（強くそう思う，そう思う）」と回答した我が国の児童生徒の割合は2003年以降増加しており，科学リテラシーの向上がみられる。しかし，理科が楽しいと感じている児童生徒が小学校で9割を超えているにもかかわらず，中学校では7割程度にとどまっている。高等学校での調査は行われていないものの，学校現場で実際に生徒を目の当たりにすると「理科の勉強は楽しい」と感じている生徒の割合はかなり低くなっているように思われる。高等学校学習指導要領（平成30年告示）において，「理科の見方・考え方を働かせ」という表現が登場した。本来，理科は日常生活における様々な現象と相性がよいはずである。しかし，年齢が上がるにつれ

て学問としての捉え方だけが先行してしまい，本質が失われているように感じられてならない。いかに「理科の見方・考え方を働かせ」た上で理科の学習を「生きた知識」とできるかが我々に求められている。

2．生徒実験への「スパイス」の利かせ方

　授業や教材研究のみならず，担任業務や校務分掌，部活動など，教師の業務は多岐にわたる。また，同じ化学の教師であってもお互いに経験や専門分野も異なる。学校に保管されている試薬も違ううえ，実験実習費として配分される予算にしても学校ごとに異なっている。そんななか一律に同じ実験を，同じやり方で，かつ，同じ観点で探究的に実施することはなかなか難しい。教材研究の時間を確保することすら難しいなか，どうすればよいか。それは，一般的に行われている実験をベースとして課題の素となる「スパイス」を効かせることで実践できると考える。例えば，日常生活のなかでは，次のような場面に遭遇することがある。

　　○使用したコップに別の種類の飲み物を入れる
　　○ざっこしめ（魚捕り）で捕まえた魚を入れるバケツが泥で汚れている
　　○空になったペットボトルをゴミ袋に捨てる

　これら日常にある（かもしれない）場面では，「容器を洗う」という行動が伴い，科学的には「容器の内壁に付着している成分を洗い流す」と捉えることができる。このような設定をほんの少しの「スパイス」として盛り込むことで，「理科の見方・考え方を働かせる」という生徒の資質・能力を育成できる生徒実験となるよう工夫した。

3．「スパイス」の実践

　本時で取り上げた学習分野は，「酸と塩基　中和滴定」である。平成21年告示の高等学校学習指導要領　第5節 理科　第2款 各科目　第4 化学基礎において，目標と内容はそれぞれ次のように示されている。

1　目　標
　日常生活や社会との関連を図りながら物質とその変化への関心を高め，目的意識をもって観察，実験などを行い，化学的に探究する能力と態度を育てるとともに，化学の基本的な概念や原理・法則を理解させ，科学的な見方や考え方を養う。

2　内　容
(3)　物質の変化
　　化学反応の量的関係,酸と塩基の反応及び酸化還元反応について観察,実験などを通して探究し，化学反応に関する基本的な概念や法則を理解させるとともに，それらを日常生活や社会と関連付けて考察できるようにする。
　　…（略）
　イ　化学反応
　（ア）酸・塩基と中和
　　　　酸と塩基の性質及び中和反応に関与する物質の量的関係を理解すること。
　　…（略）

物質の変化では，化学反応式やイオン反応式，半反応式を用いて原子や分子，イオンなどの変化を示すとともに，その変化を定量的に捉えられるようになることを目標としている。酸・塩基と中和は，水溶液中の水素イオン及び水酸化物イオンの物質量について想像力を働かせる領域であり，生徒実験の主たるものに「食酢の中和滴定」がある。市販の食酢を用いて，希釈溶液の作製，水酸化ナトリウム水溶液の濃度決定，中和滴定，モル濃度の計算，質量パーセント濃度への換算と，一連の流れとしては非常にまとまりのある内容となっている。私自身，勤務校で同様の実験を行ってきたものの，一様に次のような傾向がみられた。

　　○座学とは違う雰囲気であるためか，テンションが高く意欲的である
　　○事前に説明はするものの，いざ実験を始めてみると実はよくわかっていない
　　　（どの器具を使ってどう操作すればいいのかがわからない）
　　○他の班のやりかたを見ながらなんとなく始める
　　○滴下後溶液の色合い（うすい赤色）にのみこだわり，繰り返し滴定を行う
　　○１人の生徒だけがデータをまとめている　等

　私自身の「事前説明が下手だから」という要因も拭いきれないものの，上記のような傾向は授業者なら誰にでも経験があるのではないだろうか。本実験はフェノールフタレイン溶液を使用することで目標（溶液の呈色）を明確にすることができるため，生徒にとっては非常にわかりやすいものとなっている。しかし，目標に達することだけに注力してしまい，その他の概念が薄れてしまうという欠点がある。経験上，特に感じられるものとして「実験器具が水で濡れていてもよいものと共洗いして使用するものの理解が定着していない」，「実験同様の内容をペーパーテストで出題しても得点につながらない」という傾向がある。実験では行っていても，ペーパーテストでは誤答となってしまう，というこのジレンマを改善するため，次のような「スパイス」を設定した。

①実験器具（メスフラスコ・ホールピペット・ビュレット・コニカルビーカー）について，内壁を水で濡らしたものを混同させる
②酸度が異なる複数の食酢を使用し，濃さの順に並べ替える課題を設定する
③食酢のうち１つにバルサミコ酢を使用する

　①について，乾いている実験器具を準備すると当然のようにそのまま使用する。そこで，あえて水で濡れているものを混同させて他の実験器具との差異を目の当たりにすることで，理科の見方・考え方を働かせることが可能であると考えられる。どの実験器具が水で濡れていてもよいか，使用する溶液で共洗いするべきなのかを科学的根拠をもとにしっかりと判断することが必要となる。

　②について，複数の食酢を使用することで課題解決スキルを一段階引き上げることが可能になると考えられる。また，時間内に数種類の中和滴定を行うため，周囲

の協力だけでなく見通しをもって実験を行う必要がある。

③について，バルサミコ酢を使用することで溶液の呈色を見えにくくすることが可能となる。バルサミコ酢はブドウ果汁を原料として長期熟成させたことで黒っぽい色合いとなっているため，フェノールフタレイン溶液による呈色を判断することが困難である。そこで，どうやって呈色を判断しやすくするか，科学的根拠をもとにした工夫が必要となる。

これら3つの「スパイス」を「理科の見方・考え方を働かせた」課題として設定し，食酢の中和滴定を行った。

4．授業実践の実際

実験は，3年次文系「発展理科」選択者を対象に，1班あたり3～4名で実施した。2020年度は感染症対策により生徒実験がほとんどできなかったため，実験に不慣れということだけでなくグループワーク不足といった複数の理由から，スムーズに実験ができないことが予想された。そのため，本単元の学習には余裕をもたせて，表1のような指導計画を立てた。

表1　『食酢の中和滴定』の指導計画

時	学習内容・学習活動	評価規準	備考
1	学習内容「滴定試料の作製」 ・3種類の食酢について，それぞれ正確に希釈して試料を作製する。 ・手順や操作を相互で確認し，操作をイメージする。	・器具を正しく使用できる。 ・班員と相談して操作している。	・班名決定でアイスブレイクする。
2	学習内容「中和滴定」 ・3種類の滴定試料について中和滴定を行う。 ・得られたデータについて，より正確らしいものを用いる。	・それぞれの試料について滴定を行う。 ・複数のデータを比較し，検討する。	・実験室にある器具はどれでも使用可とする。
3	学習内容「濃度算出」 ・データを吟味し，追加で滴定が必要であれば実施する。 ・食酢の濃度が大きい順に並べ替える。 ・それぞれの食酢のモル濃度を算出し，パーセント濃度に換算する。	・滴下量平均値が大きいものほど食酢の濃度が大きいことに気付く。 ・濃度の換算ができる。	・食酢の濃度を確認させ，誤差の要因を探る。

実験準備や片付け，滴定の誤差などを考慮すると，中和滴定はなるべく1時間で済ませたいという（教師側の一方的な）思いがあるが，生徒が納得する滴定データを取得できるように設定した。試料を作製したのち滴定の手順や操作を確認できたことで，滴定にはスムーズに取り組むことができていた。

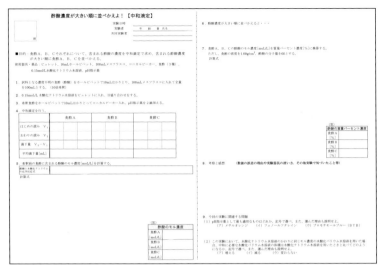

図2　使用した実験プリント

　また，実験に不慣れであることを踏まえて板書事項は箇条書きのみとし，操作の
流れをイメージできるようにした。

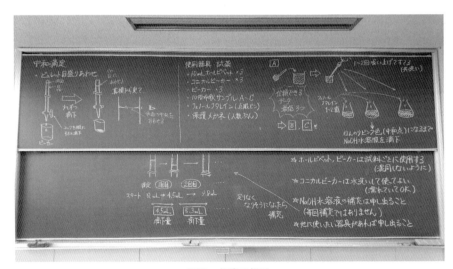

図3　板書の様子

5．行動からわかる生徒の変容

　授業は，前述した指導計画に沿って進めた。ここでは，主に生徒の様子について記載する。

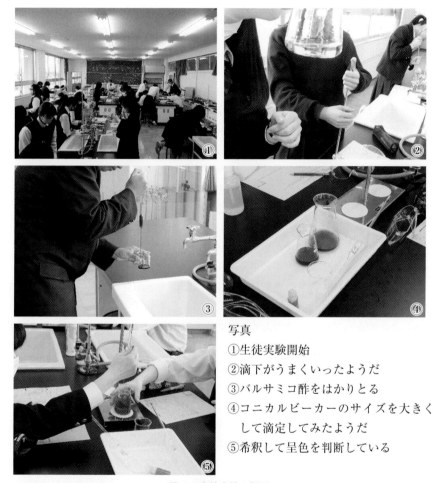

写真
①生徒実験開始
②滴下がうまくいったようだ
③バルサミコ酢をはかりとる
④コニカルビーカーのサイズを大きくして滴定してみたようだ
⑤希釈して呈色を判断している

図4　生徒実験の様子

　生徒実験そのものは，班員で作業を分担し協力して行っていた。小・中学校での指導が丁寧に行われていたことがうかがえる。今回の実験では，設定された課題について解決しようとする意識がより強く働いていたように感じられる。1種類の食酢濃度を求めるだけでもじゅうぶんではあるが，本実験では濃度算出ではなく並べ替えが課題であるので，より好奇心を高められた可能性がある。理科の見方・考え方を働かせるポイントとして，次の3点について生徒の行動，発言に着目した。

○共洗いの必要性を理解しているか

　内壁が濡れている器具については，すぐに共洗いの必要性に気付いていた。事前説明や板書に示していたせいか，ほとんどの生徒は共洗いに取りかかっていたが，何で共洗いすればよいのかが理解できていない生徒もおり，注意が必要であった。なかには乾いている器具との交換を要望してくる生徒もおり，様々であった。

○「平均滴下量∝濃度」の概念ができているか

　計算を行わなければ濃度が算出できない，という思考に縛られすぎているせいか，平均滴下量の値だけをみれば濃度の順に並べ替えることができる，ということに気付けた生徒はほとんどいなかった。ひたすら計算して，答えが合っているかどうかだけが気になっている傾向がみられた。

○バルサミコ酢の呈色不明瞭さをどのように回避しているか

　各クラス10〜11班で実験を行ったが，次のような工夫がみられた。

　　　・大きいサイズのコニカルビーカーを用いて滴定してみる
　　　・試料のみ入れたコニカルビーカーを並べて置き，滴下中のものと比較する
　　　・試料をさらに希釈して（計100倍希釈）滴定してみる
　　　・はかりとった試料に水を加え，薄めて滴定してみる
　　　・滴下する度に，コニカルビーカーをあらゆる角度から眺めてみる　等

　事前実験より，10倍程度に希釈したバルサミコ酢を水酸化ナトリウム水溶液で中和滴定する場合，フェノールフタレインによる呈色を判断することはかなり困難であることがわかっている。そのため，コニカルビーカーに水を加えてバルサミコ酢の黒っぽさを薄める工夫が必要になる。実際に，水を加えて薄めて滴定していた生徒に思考のプロセスを聞いてみると，班員で相談しているうちに「薄めたらよいのでは？」という考えに至ったとのことであった。協働的に取り組んでいるうちに，何気ない発言がヒントにつながり，ヒントから解決策を見付けたことがうかがえる。協働的な取り組みでは，リーダーシップや協調性だけではなく，つぶやき力（正しいか間違っているかは関係なく，考えたことをストレートに発信する力）というものも必要になってくる。今回の実験だけでなく，他の探究的活動においても，間違えることを苦にしないことはとても重要な資質になってくるはずである。

　これまでの経験上，生徒実験における実験プリントには「うまくできたので良かった」「正確にできて良かった」「うまくいかなかったのでだめだった」「次は頑張りたい」等，表面的な感想が散見されていた。これは，前述したように実験結果がマルなのかバツなのかのみで判断していることに起因していると思われる。そのため，今回の課題に対する感想はどのようなものになるのか，教師として非常に興味があった。次は，本実験における考察と感想の抜粋である。

最終的に出た答えが大体合っていたつでもし次やる機会があったら
もっと正確に求めたい。
全部少し高めに出たということは全部少し濃かったということ…?

食酢Cの滴定を行う時、バルサミコ酢自体に色がついていたので、
うすいピンク色が見えづらかった。そのため、バルサミコ酢を少しふり
ビーカーのふちのまわりについた気泡をみながら、ピンク色になる
のかを見極めた。滴定を行っていく時に、回を重ねることに
滴下量が同じになっていくところがとても面白いなと思いました。
また、食酢Aの滴定を行った時、ほんのりピンクにすることができて
とてもうれしかったです。

器具が濡れていても良いという情報から、水で洗のでもよいと
いう方法に行き着いた時、固定観念に縛られず頭を
やわらかくすることの大切さに気がついた。
・濃度が正解の順番に合わなかったのは、最初中々
コツを掴めず多めに入れてしまっていたことが原因だと
思う。食酢Bあたりからうすい色でおさめることができていたので
Aをもう一度やり直せば順番が変わると思う。

図5　生徒による考察と感想

　考察と感想からは，単に結果をまとめるだけでなく，考える過程で生じた疑問や課題点について検討を加えているものが多くみられた。与えられた課題をクリアするために，班のなかで議論を重ね，試行錯誤しながらもっともらしい結論を導き出す，という探究的なプロセスを経ていることがわかる。自ら答えを導き出すための根拠を探る行動をとっていたということは，非常に頼もしく感じられた。

6．授業者の振り返り

　今回，中和滴定の分野について，理科の見方・考え方を働かせる「スパイス」をひとふりしたことで生徒に探究的な思考を生み出させることができた。この「スパイス」の素になったものは何だろうか？と考えたとき，それは普段の買い物であったり，雑誌の記事であったり，教師の何気ない会話であったり…と，身近なところにあったように思われる。定番の実験であっても，そこに教師の経験やアンテナを張り巡らせた「スパイス」をふりかけることで生徒の思考力を引き出す実験へと変化させることができた。生徒だけでなく教師も探究力を高め続けることで，生徒自身に「生きた知識」を身に付けさせることにつながると考える。

引用・参考文献

・国立教育政策研究所「国際数学・理科教育動向調査（TIMSS2019）のポイント」2020年。
・文部科学省『高等学校学習指導要領』東山書房，2009年。
・文部科学省『高等学校学習指導要領（平成30年告示）』東山書房，2019年。

PRACTICE
5

生徒が主役となる授業実践を目指して
―知識構成型ジグソー法を活用した「固体の構造」の実践とその工夫―

１．本単元の教材研究にあたって
（1）教材観

　本時の授業の内容は固体の構造についてである。高等学校学習指導要領解説理科編では，固体の構造について，内容取扱いを次のように述べている。

（ア）物質の状態とその変化
　　㋒　固体の構造
　　　　結晶格子の概念及び結晶の構造を理解すること。

　本単元では，上記のように結晶格子の概念や構造の理解が目的となっているため，知識を伝達する形で授業が行われやすい。そこで，いかに教師が分かりやすく伝えるかではなく，いかに生徒が考え，表現し，主体的に理解を深めることができるか，を念頭に，教材を作成し授業を行った。

（2）授業手法

　本時の授業は，知識構成型ジグソー法の授業デザインを活用している。この授業デザインについて，東京大学大学発教育支援コンソーシアム推進機構（以下CoREF）は，次のように示している。

　　知識構成型ジグソー法は、生徒に課題を提示し、課題解決の手掛かりとなる知識を与えて、その部品を組み合わせることによって答えを作りあげるという活動を中心とした授業デザインの手法です。

　一人一人に役割があるこの授業デザインを活用することで，生徒が自分で考え，得た知識を活用し，課題解決し，理解を深めていくよう考えた。

2．この単元を通して育成したい資質・能力

　この単元では，得た知識を自分なりに納得感をもって理解し，活用することができるようになることを意識している。以下に着目した資質・能力を示す。

育てたい資質・能力	本単元で育成を目指す具体的な資質・能力
基礎的な知識	結晶格子の概念や結晶の構造について理解できる。
読解力	必要な情報を読み取り，把握することができる。
表現力	得た情報を，自分の言葉で相手に伝えることができる。
主体性	新たな課題に対し，自ら取り組もうとする態度

3．単元計画

　固体の構造について，本時を含め3時間で計画した。本時は，その1時間目の授業である。本時の学習指導案を図1に示す。なお，学習指導案の書式はCoREFの書式を用いている。

知識構成型ジグソー法を用いた探究型学習授業　授業案
学校名：山形県立〇〇〇高等学校　授業者および教材作成者：金野　重元

授業日時	2020年7月中旬	教科・科目	理科・化学
学年・年次	2年次（理系クラス）	児童生徒数	各クラス40名程度
実施内容	物質の成分	この内容を扱う全時数	1時間
教科書	改訂化学（東京書籍）		

授業のねらい
　（本時の授業を通じて生徒に何を身につけてほしいか、この後どんな学習につなげるために行うか）
　金属結晶について理解することを目的とするが、その過程で資料から情報を読み取る力、内容を表現する力、協力して問題解決する力、発展的な問いに向かう主体性などを育みたい。

メインの課題
　（授業の柱となる、ジグソー活動で取り組む課題）
　「原子を球と考え、この単位格子の充填率（％）を有効数字2桁で求めよ。」

児童生徒の既有知識・学習の予想
　（対象とする生徒が、授業前の段階で上記の課題に対してどの程度の答えを出すことができそうか。また、どの点で困難がありそうか）
　固体の構造分野の1時間目であるため、初めて聞く単語の意味に戸惑い、最初の段階では計算できる生徒はいないと考えられる。しかし、与えられた情報を理解し、グループ内でそれらの情報を組み合せ活用することで、最終的にほぼすべての生徒が問いの答えを導き出せると考える。

期待する解答の要素
　（本時の最後に生徒が上記の課題に答えるときに、話せるようになってほしいストーリー、答えに含まれていてほしい要素。）
　充填率が計算できる。また金属結晶の構造について、特に面心立方格子の単位格子に含まれる原子の数、配位数を理解している。その他の結晶格子についても興味を持ち、考えようとする。

各エキスパート
　（対象の生徒が授業の最後に期待する解答の要素を満たした解答を出すために、各エキスパートで抑えたいポイント、そのために扱う内容・活動）
エキスパート資料A・・・単位格子
　結晶格子や単位格子の説明。単位格子にある原子の数の理解。
エキスパート資料B・・・金属結晶の構造
　金属結晶の結晶構造の説明。配位数の知識。原子半径の求め方。
エキスパート活動C・・・充填率
　充填率の説明。球の体積の求め方【復習】

ジグソーでわかったことを踏まえて次に取り組む課題・学習内容
　体心立方格子やイオン結晶について、得た知識をもとに、関連付けて考え、理解する。

上記の一連の学習で目指すゴール（生徒の学習評価）
①金属結晶の面心立方格子を中心に、結晶の構造の特徴を理解する。（知識・理解）
②資料から必要な情報の収集し、対話を通して問いに取り組み、答えにたどり着くことができる。
　　　　　　　　　　　　　　　　　　　　　　　　　　　　　　　（思考・判断・表現）
③他の結晶格子について興味関心を持ち、自ら取り組もうとする。（主体的に学習に取り組む態度）

図1　学習指導案（本時）

4．授業実践の実際

　図2は本時の流れ（学習活動のデザイン），図3～8は生徒に配付した資料である。

時間	学習活動	支援等
1分	導入、目標確認 　本時は固体の構造について考えることを伝える。（教科書は開かないよう指示）	
3分	「本時の学習課題①」を配布 　「本時の学習課題」を、一人で考える。	・書けない場合は、無理に答えを記入しなくてもよいことを伝える。
3分	グループ・役割決め ・3人組を指定（人数により一部4人組） ・エキスパート担当をグループ内で決定。	・3人組は教師が座席を見て指定 ・エキスパート資料の内容は分からない段階で、役割を先に決める。
5分	「エキスパート資料ABC」を配布 　「担当する資料」を、一人で考える。	・エキスパート資料は担当するプリントのみ配布
8分	グループ活動①（エキスパート活動） 　資料A～Cまでの担当者同士で集まりエキスパート資料の理解を深め、自分の言葉で内容を説明できるようになる。	・机間指導を行い、適宜サポートを行う。教師が誘導してしまわないよう、生徒の主体性を尊重した支援を行う。
18分	グループ活動②（ジグソー活動） 　各エキスパート資料を担当者が説明し、それらの情報を参考に、「本時の学習課題」について話し合い、班としての答えを導き出す。	・机間指導を行い、適宜サポートを行う。教師が誘導してしまわないよう、生徒の主体性を尊重した支援を行う。
4分	意見交流（クロストーク） 　班の答えを、代表者が発表する。	・他の班の答えと自分たちの答えを比較し、考えを精査する。 ・生徒の状況を見て、最後に教師が解答の数値のみを伝える。
10分	本時のまとめ 　発展課題を配布し、一人で考える。もう一度、「本時の学習課題」を、ひとりで考える。	・もう一度ひとりで解答するように伝える。
3分	おわりに 　「本時の学習課題」を再度配布し、自宅でもう一度一人で考えるよう伝える。また全エキスパート資料を配布する。	・時間によって臨機応変に対応する。

【本時における指導上の留意点】
　支援を必要としている生徒に対して、教師側の主導で答えまで導いてしまわないように注意したい。

図2　本時の流れ（学習活動のデザイン）

図3　本時の課題（はじめに）

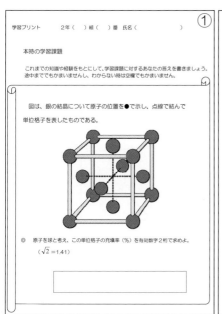

学習プリント　　2年（　）組（　）番　氏名（　　　　　　　）　　①

本時の学習課題

　これまでの知識や経験をもとにして、学習課題に対するあなたの答えを書きましょう。
途中まででもかまいませんし、わからない時は空欄でもかまいません。

　図は、銀の結晶について原子の位置を●で示し、点線で結んで
単位格子を表したものである。

◎　原子を球と考え、この単位格子の充填率（％）を有効数字2桁で求めよ。

　　（$\sqrt{2}=1.41$）

図4　エキスパート資料A

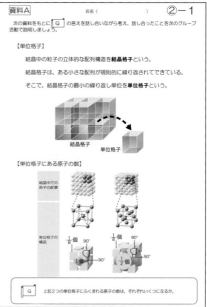

資料A　　　　　氏名（　　　　　　　）　　②−1

　次の資料をもとに Q の答えを話し合いながら考え、話し合ったことを次のグループ
活動で説明しましょう。

【単位格子】

　結晶中の粒子の立体的な配列構造を**結晶格子**という。

　結晶格子は、ある小さな配列が規則的に繰り返されてできている。

　そこで、結晶格子の最小の繰り返し単位を**単位格子**という。

【単位格子にある原子の数】

Q　上記2つの単位格子にふくまれる原子の数は、それぞれいくつになるか。

図5　エキスパート資料B

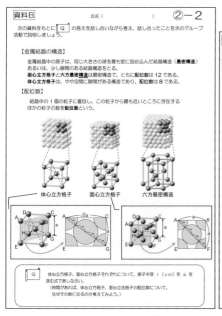

資料B　　　　　氏名（　　　　　　　）　　②−2

　次の資料をもとに Q の答えを話し合いながら考え、話し合ったことを次のグループ
活動で説明しましょう。

【金属結晶の構造】

　金属結晶中の原子は、同じ大きさの球を最も密に詰め込んだ結晶構造（**最密構造**）
あるいは、少し隙間のある結晶構造をとる。
　面心立方格子と**六方最密構造**は最密構造で、ともに配位数は12である。
　体心立方格子は、やや空間に隙間がある構造であり、配位数は8である。

【配位数】

　結晶中の1個の粒子に着目し、この粒子から最も近いところに存在する
ほかの粒子の数を**配位数**という。

体心立方格子　　面心立方格子　　六方最密構造

Q　体心立方格子、面心立方格子それぞれについて、原子半径 r〔cm〕を a を
　　含むので表しなさい。
　　（時間があれば、体心立方格子、面心立方格子の配位数について、
　　　なぜその数になるのか考えてみよう。）

図6　エキスパート資料C

資料C　　　　　氏名（　　　　　　　）　　②−3

　次の資料をもとに Q の答えを話し合いながら考え、話し合ったことを次のグループ
活動で説明しましょう。

【充填率】

　単位格子の体積〔cm^3〕に含まれる原子の体積〔cm^3〕の割合を

　充填率〔％〕という。

$$\frac{原子の体積〔cm^3〕}{単位格子の体積〔cm^3〕} \times 100〔\%〕$$

【図形の面積と体積】

球の体積Vは

$$V = \frac{4}{3}\pi r^3$$

Q　一辺の長さが a〔cm〕の立方体のなかに、半径 r〔cm〕の球が存在するときの
　　充填率を、a、r を用いて答えなさい。

081

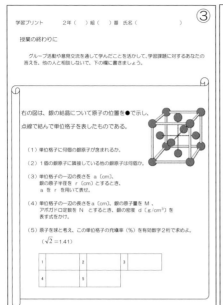

図7　本時の課題（終わりに）

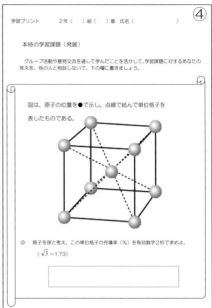

図8　発展課題

　はじめに生徒が取り組む本日の学習課題（図3）は，この単元で最終的にどんなことができるようになってほしいか，を意識して作成している。本時については，その最終的な地点を，充填率の計算ができる，と定めた。

　3つのエキスパート資料（図4～6）については，本時の課題を解くにあたって必要な情報が示されている。ただし，各資料は全ての情報を含んでいるわけではないため，ジグソー活動を行う際，自分の情報を伝える必要性と，他の人が自分の情報を必要とする状況が担保された状態になる。その結果，全員が必要感をもってグループ活動に参加することになる。ここが知識構成型ジグソー法の授業デザインのよい点だと感じている。

　エキスパート資料を作成するにあたって意識していることは，当然であるが本時の課題を解決するために必要な情報は何かを考えることである。ここでの試行錯誤が，生徒が主役となる授業を考える際に重要な部分であり，教師が内容を分かりやすく伝えようと考える際にはあまり行わない教材研究の視点だと感じる。本時については必要な情報を，本時の図が何を示しているのか，はじめて聞く単位格子とは何なのか，充填率の意味と計算方法，の3つとした。必要な情報をジグソーパズルのピースのように凹凸をもたせ作成できれば，上手に組み合わせて全体像を把握しようと，生徒が考えを巡らせる時間は自然と増えていく。

今回作成したエキスパート資料について，表1に情報の組み合わせでの工夫点を示す。分かることと分からないことを組み合わせ、かつエキスパート資料ではじめて知る言葉などもあるが，それらについても他の資料で説明するなど，ジグソー活動で対話を生み出せるように意識し作成している。

表1　エキスパート資料の関連性

	資料から分かること	資料から分からないこと
資料A	・単位格子について ・単位格子の構造 ・原子の数の数え方	・本時の課題の図の意味 ・充填率について ・単位格子の構造の違い
資料B	・本時の課題の図の意味 ・原子半径の求め方 ・配位数について	・単位格子について ・充填率について
資料C	・充填率について ・球の体積の求め方	・単位格子について ・本時の課題の図の意味

5．授業実践

(1) 教室のレイアウト

　教室のレイアウトは，縦7列，横6列の配置である。エキスパート活動はグループで話し合いがしやすくなるようなるべく少人数を意識し，多くても6人程度のまとまりになるよう口頭で伝えるようにしている。なお，グループ活動は，必ず机を向かい合わせて行う。

(2) 教師の役割

　授業は知識構成型ジグソー法の授業デザインで確立されているため，生徒の進み具合を確認しながら時間の管理を行うこと，机間指導で各グループの進捗状況を確認し，必要であれば少しのアドバイスを行うこと，などが役割として挙げられる。教師は，教えるというより，生徒の学び場をコーディネートする，ことが大切になる。

(3) 生徒の変容

　知識の習得が多い授業では，いかに教師が分かりやすく内容を伝えようとするか，といった授業スタイルになりやすい。しかし，インプットの時間が長くなるほど，生徒の集中力が続かず，教師の予想ほど理解の定着が進まないことがある。生徒がいかに課題を自分事として捉え，主体的に取り組むことができるかがポイントとなってくる。

　今回の単元では，学習指導要領にある通り，結晶格子の概念や構造理解が目的である。そのために必要となる資質・能力を「基礎的な知識」「読解力」「表現力」「主体性」と考えた。机間指導でアドバイスを行う際，つい教師主導で答えに導きたくなってしまう場面があるが，答えにたどり着くことが目的ではなく，概念形成する

ことが目的であることを忘れず，読解力や表現力をはぐくみながら，生徒が主体的に考えをめぐらす場面や過程を大切にしてほしい。グループで対話が起こっていれば，それは学びが自分事になっている証拠だと思う。机間指導で，正解と違うと感じることがあっても，ヒント程度のアドバイスでとどめておきたい。実際，今回もそのような場面はあったが，自分たちの力で軌道修正し，最終的にはすべての生徒が図7において充填率を求めることができていた。そして，自分たちで解決したからこそ，図8の発展問題に進んで取り組もうとする生徒の姿が多くみられた。

6．授業内容を振り返って

　この授業は大学進学希望者が多い高校だからできるのではないか，といった疑問を持つ人もいるかもしれない。実はこれとほぼ同じ内容を，2019年10月に中学3年生向け高等学校説明会の体験授業で実施している。中学生に必要な情報を考え，観察・実験を通し考えることができるエキスパート資料D（図9）を追加したが，それ以外は同じ資料を使用し，最終的に自分たちの力のみで充填率を求めることができていた。少しの工夫で，中学生でも高校の授業内容を自分たちの力のみで理解することはできる。授業をコーディネートする視点で教材に向き合うことで，授業の可能性は格段に広がる。

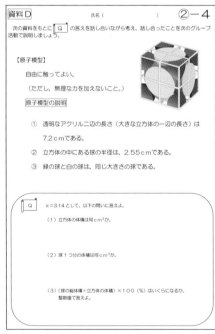

図9　エキスパート資料D

体験授業後，アンケートを実施した。結果を以下に示す。

表2　理科の体験授業についての中学生の回答

質問項目＼回答	①	②	③	④	合計
難易度（人）	0	5	9	17	31
授業のスピード（人）	1	19	10	1	31

難易度　①：やさしい　②：ちょうどよい　③：やや難しい　④：難しい
授業のスピード　①：ゆっくり　②：ちょうどよい　③：やや速い　④：とても速い

　理科の授業には31名が参加し，その8割強が「やや難しい」「難しい」と回答している。充填率は大学入試でも問われる内容であるため，難しいと感じるのは当然であろう。しかし，授業進度に関しては全体の6割強が「ちょうどよい」と答え，さらに自由記述の感想には，理科が面白かったという感想が複数あった。自分たちの力で理解し問題解決することが楽しさにつながること，難しいから楽しくないとはならないことに，このアンケートや感想から改めて気付かされた。

　ちなみに裏話だが，実はこの体験授業で1つだけ教師主導で知識を伝えた場面がある。それは三平方の定理についてである。10月の時点で中学生が三平方の定理を習っていないとは知らず，そこだけは説明を加えた。これは教科横断的な視点で授業を考える際に，大きなヒントになっていると考える。生徒が何を知っていて何を知らないのか，俯瞰的に把握しておくことが重要であろう。

　最後に，知識構成型ジグソー法に関しては，授業例が数多く存在している。まずはその授業例を実践し体験してみることをお勧めする。CoREFのサイトには資料の入手方法が示されているので，興味のある方は参考にしてほしい。

引用・参考文献

・文部科学省『高等学校学習指導要領（平成30年告示）解説　理科編　理数編』実教出版，2019年。
・三宅なほみ・飯窪真也・杉山二季・齊藤萌木・小出和重『協調学習　授業デザインハンドブック』東京大学大学発教育支援コンソーシアム推進機構，2015年。
・竹内敬人ほか20名『改訂化学』東京書籍，2021年。

PRACTICE
6

生徒自らがデザインする実験実習について
－酵母の呼吸について実験を通じて理解を深める－

1．高等学校で生物を学習する意義

　生命現象は様々な自然科学の法則に従っており，化学反応やエネルギー変換がその現象に内包されている。この単元では生物の基本的代謝のメカニズムを理解するとともに，実験においては科学的研究手法の理解及び科学的なものの見方・考え方の習得を期待することができる。

　○補足

　　生物や生物現象に関わる理科の見方・考え方とは具体的に何を指すのか。ここ数十年の生物学の急激な進展により，教えるべき内容が増えすぎたため，高校生物を通じて何を学ばせたいのかが伝わりにくくなっている。そのため，教員側は，単元によらず生物学のキーになる概念を意識して教授する必要がある。生徒が主体的に各教材を通じて自ら学ぶことも重要だが，生物学を専門として学んだ教員が先人が積み重ねた英知である重要な概念や発見を生徒へ教授することも等しく重要だと考えるがいかがだろうか。以下は，私が高校生物の授業の中で重要だと感じている内容である。

①生命現象は，物理化学の法則の範疇にある。（当然ではあるが）

　⇒よって，必要に応じて物理や化学の範囲も扱う。

②科学は，先人からの英知の積み重ねで成り立っている。

　⇒よって，専門用語を使う。定義や法則を理解する。

　⇒偉大な発見から，発想法や論理的思考法を学ぶ。

③理科における生物学の特徴を捉える。

　ア　共通性と多様性（個体差の考慮含む）

　イ　生命の継承

　ウ　適応と進化

　エ　その他（中心定理，情報伝達など）

2．本単元を通して育成したい資質・能力
①生命現象とエネルギーの流れを関連付ける知識・技能の習得
②科学的研究（実験，探究）の基本的な流れの理解
③科学的研究の基本的なルールの理解（再現性，信頼性，研究倫理など）
④既習の知識技能を汎用的に用いる技能の習得（科学的なものの見方・考え方）

○補足

　平成30年告示の高等学校学習指導要領では，探究がより推進され，評価の観点も３観点に再構成されている。理科の研究アプローチは，もともと探究サイクルと近似しており，理科の実験実習を探究型にするには，探究型の視点で組み立てるだけで可能である。従来の実験実習でも意識していなかっただけで，実践してきた先生方も多いのではないだろうか。また，評価の観点が再構成されたことにより，知識・技能を習得するための実験とさらに思考・判断・表現に踏み込んだ実験と区別することが可能になった。逆の言い方をすれば，実験実習は意識して探究型や思考・判断・表現に踏み込んでいくべきだろう。

3．単元計画（代謝のうち呼吸の範囲のみ記載）

	時数目安	キーワード
代謝（講義）	1時間	エネルギー代謝，ATP ＊簡単に熱力学，化学平衡に言及
発酵（講義）	1時間	乳酸発酵，アルコール発酵， 脱水素酵素，脱炭酸酵素，電子供与体
呼吸（講義）	2時間	解糖系，クエン酸回路，電子伝達系 呼吸商，パスツール効果
酵母の呼吸（実験）	1時間（前時） 1時間（本時）	仮説設定，仮説検証，データの信頼性 研究倫理，レポート作成

4．授業の実際

　実験実習2時間のうち，1時間目で，目的の説明，実験計画の立案をさせる。

　2時間目で仮説検証を行い，レポートは後日個別に1週間以内に提出する。1時間目に可能であれば実際の器具を使った予備実験を認める。

　実験はグループで行い，仮説設定から仮説検証まではグループで情報を共有するが，考察は各自で行い，自分で調べた内容を盛り込むことも許可する。その際，引用のルールなどの指導を事前に行う。使用したワークシートを次頁に示す。

○補足
　本時の実験を探究型で行い，思考・判断・表現の評価に踏み込むためには，探究型の実験や科学的なものの見方・考え方について，事前に学んでおく必要がある。ある程度ルールや型を学んだあとで，生徒に自由度を持たせることにより，生徒が自ら学ぶ授業が可能になる。
　　＊科目の最初の実験において説明する「実験をデザインするための説明資料」は後頁に示す。

授業で使用したワークシート

「酵母の呼吸に関する探究活動」

○目標
　「酵母の呼吸」に関わる実験をグループ毎に行い，酵母の呼吸の理解を深める。また，仮説検証や実験結果の分析を行い，探究スキルを上達させる。

○内容（ルール）
　①教科書，授業プリントなどの参考資料，資料集の情報を分析し，「酵母の呼吸」で何を学ばなければいけないか把握する。
　②グループ毎に①の内容を実際に確認するための実験（仮説検証）を結果予測（仮説）とともに考える。
　③実験は1時間以内でできるものとし，記録（写真・動画）や分析の際にスマートフォンを使用することを認める。
　④レポートの提出は，実験後1週間以内とし，仮設・結果の分析（考察）と次に何をすべきか（あるいは何をすべきだったか）を必ず記載するものとする。
　⑤レポートは実験ファイルに収納し，提出すること

○実験材料
　　下記の材料と道具は学校側で準備します。それ以外は持参を認めます。
　これまで，授業で扱ったもので，使用したいものがあれば相談してください。

　①酵母菌（出芽酵母，YEAST）　学名*Saccharomyces cerevisiae*
　②キューネ発酵管，ビーカー
　③お湯，氷
　④10％水酸化ナトリウム水溶液
　⑤温度計
　⑥ヨウ素溶液
　⑦呼吸基質（グルコース，マルトース，スクロース）

＊要チェック①　ヨードホルム反応：エタノールの確認
＊要チェック②　パスツール反応：発酵と呼吸の切替

○実験記録
A　仮説設定（できるだけ多く考えてから選択すること）

B　仮説検証方法の記録（レポート作成のために詳細に記録すること）

C　結果の記録（書ききれない場合は裏面も活用すること）

D　結果の考察（グループで共有，レポートには各自の考えを記載）

E　結果を受けて次にすべきことを提案
　（仮説検証が妥当なら，次の実験の提案，仮説検証に不備があるなら改善点）

F　感想（酵母の呼吸に関すること，実験手法に関することなど）

#A〜Fの記録を活用し，1週間以内にレポートを提出すること。

実験をデザインするための説明資料

実験デザインとレポートの作成

○実験の構成

1）目的（Subject）

　実験は，コスト（消耗品，時間，労力など）と多くの場合生物の犠牲がともなう。その為，目的のない実験はやってはいけない。目的のない実験は遊びである。

　基本的には，社会的に意義（基礎研究，応用研究）のある研究であるべきだが，学びのための演習や追試も目的となる。

　実験動物を扱う際には，法的な規制がある場合もあり，人体を扱う場合や家畜の屠殺などは法律がある。

　また，環境省が告示した実験動物に関する基準があり，むやみに実験動物を使用しないよう指針が示されています。この基準は国際的な指針に沿っており，大学では，倫理委員会を設け，適合しなければ論文が無効になります。

　基本的には，哺乳類・爬虫類・鳥類などのセキツイ動物の実験には合理的な目的が求められ，その他のセキツイ動物も含め次のことに配慮することが求められます。

---

3 R　Russell and Burch提唱（1959，イギリス）

①Replacement（代替）：
意識・感覚のない低位の動物種，in vitro（試験管内実験）への代替，重複実験の排除

②Reduction（削減）：使用動物数の削減，科学的に必要な最少の動物数使用

③Refinement（改善）：苦痛軽減（麻酔），安楽死措置，飼育環境改善など

2）材料と方法（Materials & methods）

　材料は，対象の生物種をさす。生物は多様であるため種名がはっきりしないものは，実験の意味をなさない。よって，種名の判別は重要な意味を持つ。種の判別がはっきりしていない場合でも，何属あるいは何科に属するかははっきりさせる必要がある。

　方法，実験の手順を示す。確立された方法の場合は，根拠となる論文を示すことで簡素な記載にすることができる。例えば，「レムリー氏の電気泳動を行った。」などである。独自の方法で行う場合，再現性が確保されるような記載が必要である。その為，実験に用いた機器や試薬のメーカーや型番は記載する。場合によっては，そのメーカーの一部のロットしか再現できないケースもある。

３）結果（Results）

　結果は，得られたデータを図表を使って表したり，画像データで示したりする。その際，図表や画像に注釈をつける必要がある場合もある。グラフや表で対照実験との差を示す場合は，統計処理をする必要がある。

　結果は，客観的に得られたデータを示すだけであり，<u>ここで自分の考えを述べてはいけない</u>。また，写真を奇麗にみせるために加工することはゆるされない。

　結果の記録は，実験ノート（記録簿）に基づくため，実験そのものに疑念が抱かれる場合は，ノートの提出を求められる場合がある。

４）考察（Discussion）

　結果をもとに，過去のデータと比較をしながら，得られた知見を述べる。また，将来的な予見を示し，論を提唱することもある。いずれにしてもどこまでが自分の考えで，どこからが引用なのかはっきりさせて，自分の考えを述べる。

　以上が実験の考え方や流れです。レポートはそれを簡便化したものと考えられます。

　次の様式でレポート作成の練習をしましょう。

○レポート作成

　今回は，Ａ４判　１枚　横書きとします。構成は，目的，材料と方法，結果，考察，感想とします。

★注意点
　①結果，考察，感想の区別
　②言葉の言い回しに気をつける（時制と確度）

5．授業実践のポイント

　本時では，実験の手順も自分たちで考えさせ，他の班の動きも見ながら，必要に応じて仮説検証方法の変更も認めている。教科書や資料集を参考にする班もあるが，実際に実施するにはある程度の理解が必要なことにやりながら気付くので，基本的に見守る。教科書などに記載の無いものにチャレンジするグループも出てくるが，支援はアドバイス程度にとどめる。

　評価については，活動時に各グループの行動を観察することで，知識・技能の理解度を確認することができる。また，この教材は，教科書や資料集ではキューネ発酵管と注射器による実験が紹介されており，仮説検証に必要な道具を選択する必要

が生じるので，思考・判断を見取ることが可能である。グループ毎に発表させるか
レポートにより見取ることも可能である。また，仮説検証に粘り強く取り組む過程
も見取ることができるので，主体的に学習に取り組む態度を見取ることも可能であ
ろう。

　実際の生徒の動きについては，オーソドックスな実験を行うグループでも実際に
やろうとすると理解が不十分だったことに気付くことが多い。キューネ発酵管によ
る実験は定性的な実験になってしまうため，定量的な実験を行うために注射器を使
用したり，水上置換を試みたりする生徒も出てくる。他の班と実験内容を共有する
ことにより，様々な学びにつながっていくので，大事な学びがあるときは，教員が
全体に伝える。仮説設定や仮説検証の方法などで生徒が明らかに間違っていると気
付いてもその場では指摘せず，実習を続行させる。途中で気付く場合もあるが，そ
のまま続けて失敗してもレポートに反映させる。可能であれば，レポート提出後に
口頭試問などを行うとより効果的である。次は，生徒が提出したレポートである。

生徒が提出したレポート

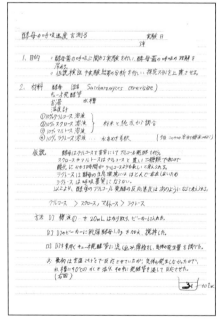
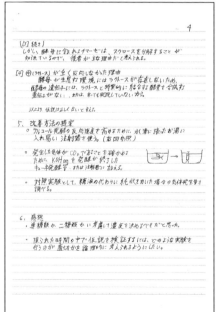

6．授業者のコメント

　探究型学習を含めた探究活動が広く知られるようになり，全ての教科・科目において探究型学習の導入がすすめられるようになってきたが，理科教育との関係性はどのような状況だろうか。私自身，探究型学習の導入を試みる中で，従来の授業スタイルのよい点を再認識する一方で，自身の授業に欠けていたものを認識することになった。探究サイクルそのものは，科学の研究手法と極めて近似しており，理数系を学んだ人には受け入れやすいアプローチではないだろうか。ただ，個人としては，これまでの中で，科学的な思考や技能を十分に育てられていたかというと必ずしもそうではなかったかもしれない。生徒の進学希望を叶えようとしたときに，大学入試対策に重点を置き過ぎた結果，科学的なものの見方・考え方を鍛える時間だけでなく，サイエンスの面白さを伝える機会も減少してしまったのではないかと反省するところである。昨今，進められている大学入試改革並びに探究活動の推進，観点別評価の改善は歓迎すべきことであり，大学入試やカリキュラムについての改善がなされたことにより，理科教育の可能性は大きく広がったと感じている。

　ここで，自分の専門である理科の生物領域について改めて考えると科学技術の進展の恩恵を大きく受けており，10年単位でみても最も変革が著しい領域だと言える。高校生物も大きく変わり，限られた授業時間内で学習内容や学習活動を工夫することに苦慮している教員も多いのではないだろうか。各単元の内容には新たな研究成果や知見が追加され，大幅にボリュームアップしている。受験では暗記すれば何とかなると考えていた高校生もいたかもしれないが，すでに質・量ともに暗記で何とかなるボリュームではなくなってきている。また，研究手法の進展により，進化のような分野についても科学的なアプローチによるメカニズムの解明が急速に進んでいる。このような状況にあるため，高校生物の授業のあり方については再度整理する必要があると思っている。

　すでに述べたとおり，探究サイクルと理科研究のアプローチは近似しており，探究サイクルの理解と習得において理科の果たす役割は大きいと言える。しかし，これまでの理科の実験・実習では，必ずしも探究的とは言えなかったり，思考力・判断力・表現力等を十分見取れるものになっていなかったりする。例えば，私が実践してきた実験・実習においても，やり方によっては，知識・技能の習得のみになってしまうケースがある。従来の実験・実習がすべて否定されるわけではないが，探究型の実験・実習になるような修正や思考力・判断力・表現力等を見取るような工夫をするべきであろう。

　このように，生徒の学びが変わっていく中で，教員も授業構成や手法だけでなく教員自身の学びも探究的になっていく必要性を強く感じている。

SECONDARY
SCIENCE
EDUCATION
HANDBOOK

執筆者紹介

（所属、分担、執筆順、＊は編著者）

＊ 山科 勝
（山形大学 学術研究院 准教授：まえがき・第1部 第1章・第2章）

後藤 みな
（山形大学 学術研究院 講師：第1部 第3章）

鈴木 宏昭
（山形大学 学術研究院 准教授：第1部 第4章）

土井 正路
（山形市立高楯中学校 教頭：第2部 実践1）

大沼 康平
（山形大学附属中学校 教諭：第2部 実践2）

棚村 好彦
（山形県立山形東高等学校 教諭：第2部 実践3）

堀江 友和
（山形県立酒田西高等学校 教諭：第2部 実践4）

金野 重元
（山形県立新庄北高等学校 教諭：第2部 実践5）

佐々木 隆行
（山形県立山形東高等学校 教諭：第2部 実践6）

今村 哲史
（山形大学 学術研究院 教授：あとがき）

本書は，山科勝先生を中心に山形大学の理科教育を専門とする教員と山形県内の中学校及び高等学校の理科教員が協力して執筆したものです。我々は，普段から理科の理論と実践に関する情報交換や議論を行ってきており，各教員の理科授業に関する研究成果をまとめたいと考えておりました。昨年度は，小学校教員を目指す学生や現職教員を対象とした「初等理科教育ハンドブック」を出版しました。そこで今年度は，中学校及び高等学校理科の授業で活用できる「中等理科教育ハンドブック」（本書）を出版することとなりました。

本書の構成においては，新しい理科教育の考え方と理科授業の課題を踏まえ，学校現場での具体的な授業実践に役立つ内容となるようにしました。現在 Society5.0 の時代を迎え，イノベーション創出人材の養成をはじめ，科学技術振興を見据えた理数教育の充実や創造性の涵養が重要視されています。学校教育においても，新たな時代を豊かに生きる力が求められており，その資質・能力の育成のために探究的な学習を重視しています。探究的な学習は教育課程全体を通じて充実を図るものとされています。理科は，半世紀以上前から探究を重要な学習活動としてきました。よって，理科が中核となり探究の本質を理解することが重要であると考えます。そこで本書は，理科授業に関する基礎的理論と探究的な学習を含む具体的実践の両面からまとめられています。

山形県は，全国学力・学習状況調査において，中学生の理科学力が全国で上位に位置しています。この結果は，これまで頑張ってこられた中学校理科教師の丁寧な指導の賜であると考えます。これからの山形県の理科教育を考えるとき，理科教員を目指す学生の育成と，若手の現職理科教員の資質・能力の向上が重要であると言えます。本書が，中学校及び高等学校の理科教員を目指す学生にとって，理科の学習指導に関する基本的な考え方と具体的指導方法について学ぶきっかけになってくれることを願っています。また，中学校及び高等学校の理科教員には，改めて理科の基本的理論を確認し，明日からの授業づくりの参考として活用していただけると幸いです。

最後に，本書の内容を理解した理科教員の指導により，生徒たちが探究や科学の本質について学び，科学することの楽しさと理科学習の意義を実感できるようになってもらいたいと願っています。

SECONDARY
SCIENCE
EDUCATION
HANDBOOK

あとがき

山形大学学術研究院 教授　今村哲史

《編著者紹介》

やましな まさる
山科　勝

山形大学 学術研究院 准教授（大学院教育実践研究科主担当）
1970年生まれ
筑波大学大学院修士課程教育研究科修了 修士（教育学）
専門：理科教育
主な著書
・「理科における探究型学習の考え方と実践−山形県における取り組みを踏まえて−」,
　『初等理科教育ハンドブック−山形版学習指導のデザイン−』, 山形大学出版会

中等理科教育ハンドブック
−生徒の探究を促す授業デザイン−

2022年2月25日 初版第1刷発行〈検印省略〉
定価はカバーに表示しています

編集者／山科　勝
発行者／玉手 英利
印刷者／大舩 憲司

発行所／山形大学出版会
〒990-8560 山形県山形市小白川町1-4-12
TEL：023-628-4015　FAX：023-628-4491

印刷・製本／藤庄印刷株式会社
ISBN978-4-903966-35-9 Printed in Japan